B.A.R. DE LA MARINE

Manfred
Schmidt

Auf Kreuzfahrt mit Frau Meier

Manfred Schmidt

Auf Kreuzfahrt mit Frau Meier

Die schönsten Reisegeschichten

Mit 58 Zeichnungen des Autors

Herbig

Vorsatz vorne: Zwischenstation vieler Kreuzfahrten: Yachthafen an der Côte d'Azur

Vorsatz hinten: Die pompöse, im reinsten Stil der Jahrhundertwende gestaltete Halle des Palace-Hotels von St. Moritz könnte man den „Saal der tausend Seitenblicke" nennen.

Satz: SatzStudio Pfeifer, Gräfelfing
Gesetzt aus 10.5/13 Walbaum Lino, CRTronic-System
Druck und Binden: Mohndruck, Graphische Betriebe GmbH, Gütersloh
Printed in Germany
ISBN: 3-7766-1663-6

Inhalt

Auf Kreuzfahrt mit Frau Meier

Wo weht der Duft der großen weiten Welt ganz besonders intensiv? Dank einer Zigarettenreklame wissen wir es alle: Am vollsten bekommt man die Nase von diesem erregenden Duft, wenn man sich auf Kreuzfahrt an Bord eines Ozeanriesen begibt.

Den großen, weiten Weltduft wollte auch ich mal schnuppern und bestieg deshalb im Hafen von Istanbul ein blütenweißes Schiff, das die italienische Flagge am Heck führte und schon seit acht Tagen mit einer Urlauberladung im Mittelmeer unterwegs war.

Als ich das Fallreep des schwimmenden Ferienparadieses hochkletterte, hingen die bereits altgedienten Passagiere dicht an dicht über die Reling und ließen so viele prüfende Blicke auf mich herunterfallen, daß ich fast in die Knie ging. Alle Augenpaare schienen zu fragen: »Ist dieser Neuzugang ein Gewinn für unsere Bordgemeinschaft? Ist er ein fleißiger Tänzer, ein witziger Plauderer, ein geselliger Trinker und vor allem einem kleinen Abenteuer nicht abgeneigt?« In einer Person vereint ergeben die vier Eigenschaften nämlich den idealen Kreuzfahrer.

Oben angekommen, wurde die aus der Vogelschau vorgenommene Inspektion durch diskrete Seiten-

blicke ergänzt. Ich hatte das Gefühl, von einigen Damen bereits im Geiste vernascht zu werden. Aber vielleicht war es auch nur Enttäuschung, was da aus den Augenwinkeln blitzte.
Errötend folgte ich dem Steward, dessen erfahrener Röntgenblick aufgrund von Details meiner Garderobe und der Gepäckstücke das zu erwartende Trinkgeld vorauskalkulierte.
Der Weg zur Kabine führte an vielen Richtungspfeilen vorbei, die meinem Seereiselustgefühl einen kleinen Dämpfer aufsetzten: Unter jedem Pfeil stand: »Zu den Rettungsbooten!«
Ich verhielt vor einem schwarzen Rahmen, in dem die wissenswertesten Sirenentöne (nicht im Sinne von »Meerjungfrauen«) aufgeführt waren. Demnach geben sieben kurze und ein langer Sirenenton die Aufgabe des Schiffes bekannt, ein Vorgang, an den man nur ungern denkt. Für kleinere Mißhelligkeiten wie »Mann über Bord«, »Feuer« und ähnliches waren kürzere Signale vorgesehen.
Im Weitergehen fiel mir die lange, auf der Rückseite des Tickets ganz klein gedruckte Liste der Katastrophenfälle ein, die eine Haftung der Reederei ausschlossen. Das fing an mit Aufruhr und ging über höhere Gewalt, Kriegseinwirkungen, Materialfehler bis zu Unfällen durch (ich zitiere wörtlich) »Unfähigkeit des Kapitäns«. Der letztere Passus wird von weiblichen Seereisenden häufig mißverstanden.
Als der Steward mich in meiner Kabine allein ließ, wurde die so kräftig genährte unheilschwangere Stimmung noch verstärkt: Beim Öffnen des Kleider-

schrankes stand ich der dort angebrachten, reich bebilderten Anweisung zum Anlegen der Rettungsweste gegenüber.
Jeder Leser wird verstehen, daß ich sie noch vor dem Kofferauspacken vor dem Spiegel anprobierte.
In der sehr guten Zeit von vier Minuten zwanzig Sekunden wurden von mir alle Schleifchen vorschriftsmäßig zugeknippert.
Da klopfte es, der Steward kam herein und machte ein Gesicht, als hätte er noch nie im Leben einen Mann mit Schwimmweste gesehen.
Nach diesem privaten Probe-Alarm kam das, was an jeder Kreuzfahrt das Schönste ist: die »Inbesitznahme« des Schiffes durch einen Rundgang über alle Treppen und Decks, verbunden mit Inaugenscheinnahme der Mitreisenden, an die man nun für einige Zeit in Freud und eventuell sogar in Leid (siehe oben »Notsignale« und »Katastrophenfälle«) gekettet ist.
Die meisten Passagiere hatten die besten Jahre mehr oder weniger weit hinter sich. Trotzdem war die von einem etwa dreißigjährigen Grünschnabel spitz hingeworfene Bemerkung »Das ist ja ein schwimmendes Altersheim« stark übertrieben und, da sie auch mich einschloß, geradezu geschmacklos.
Die an Bord vorherrschende Sprache war dank der Aktivität eines Stuttgarter Reisebüros unverfälschtes Schwäbisch. Die geschichtsreiche Ägäis, auf deren Wellen wir in den nächsten Tagen schaukelten, sollte für mich zum schwäbischen Meer werden.
Das Ablegen des Schiffes von der türkischen Hafenmauer wurde von allen an der Reling stehenden

Passagieren sorgfältig überwacht. Schwäbischerseits wurde moniert, daß in diesem erhebenden Moment nicht das vertraute und an die Tiefen der Touristenseele rührende »Muß i denn, muß i denn zum Städtele hinaus« erklang. Statt dessen quakten pausenlos viersprachige Durchsagen aus den auf allen Decks verteilten Lautsprechern. Unter anderem wurde Frau Meier aus Stuttgart zunächst englisch, dann französisch, italienisch und schließlich auf Hochdeutsch gebeten, zum Zahlmeister zu kommen, obgleich sie, wie ich später merkte, keiner dieser vier Sprachen mächtig war.

Wir fuhren hinaus in den Bosporus, vorbei an der Silhouette Istanbuls mit seinen im Sonnenlicht blitzenden Kuppeln und Minaretten. Die Kreuzfahrer warfen einen letzten Blick auf das Panorama und faßten die Eindrücke der am Vormittag absolvierten Stadtbesichtigung dahingehend zusammen, daß die Sauberkeit stark zu wünschen übrig lasse. Diese auf scharfer Beobachtungsgabe beruhende Erkenntnis war auch nach allen späteren Landausflügen das allabendlich gezogene Fazit eines erlebnisreichen Tages. Und jedesmal wurde hinzugefügt, daß die Leute es doch nur so zu machen brauchten wie wir in der Bundesrepublik, um reich, sauber und glücklich zu werden. Aber die wollen anscheinend nicht.

Der Gong rief zum Mittagessen. Mit etwas Herzklopfen betrat ich den Speisesaal, denn für den Erfolg der Kreuzfahrt eines Einzelreisenden ist es von entscheidender Bedeutung, mit wem er nach dem Willen des allmächtigen Oberstewards an einen

Tisch gesetzt wird. Wer hoffte in dieser Situation wohl nicht auf ein charmantes, mit allen körperlichen Reizen des anderen Geschlechts ausgestattetes Gegenüber? Ich hoffte auch, aber wie immer vergebens. Man plazierte mich an ein Tischchen mit einem einzigen Gedeck und Blick auf die Klapptür zur Küche. Eine Art Isolierstation.

Dennoch gelang es der am Nebentisch mit ihren Kränzchenschwestern residierenden Frau Meier aus Stuttgart, anläßlich des vorbeirollenden Vorspeisewagens mit mir Kontakt aufzunehmen.

Sie riet mir, welche Hors d'oeuvres ich nehmen sollte, und ich gehorchte. Während des Essens warfen die munteren Matronen hin und wieder ein Scherzwort herüber, das ich jeweils zu quittieren hatte.

Nach dem Lunch, wie das Mittagessen offiziell heißt, wurde ich vom Decksteward für die Dauer der Reise in einen Deckstuhl eingewiesen, der mit meinem Namen und der Kabinennummer geziert war. Unmittelbar an meinem linken Ellenbogen führte eine vielbegangene Treppe zum nächsthöheren Deck, rechts war ich auf Tuchfühlung direkter Anlieger von Frau Meier.

Der aufmerksame Stuhlbetreuer hatte unsere Annäherung im Speisesaal beobachtet und daraus die Konsequenzen gezogen. Der weitere Verlauf meiner Kreuzfahrt war damit von ihm vorgezeichnet. An Frau Meiers Seite durfte ich nun tagelang die ozonreiche Meeresluft und so manches andere einsaugen. Meine Nachbarin stand nämlich in einem ununterbrochenen, äußerst regen Gedankenaustausch

Höhepunkt eines jeden Bordfestes ist der beliebte »Zitronen-Tanz«, bei dem die Partner mit ihren Stirnen eine Zitrone festhalten müssen. (Es kann auch ein Apfel oder eine Orange sein.) Die

mit ihren Landsmänninnen, deren Deckstühle einen geschlossenen und unangreifbaren Block bildeten.

Um nicht mehr als nötig ins Gespräch gezogen zu werden, schloß ich die Augen und konnte nun einen der größten Vorzüge der Kreuzfahrerei genießen: Die umfassende Weiterbildung im Halbschlaf. Der frische Seewind blies mir ein komplettes Handbuch

Tänzer dürfen nur mit Stirn, Nase oder Kinn die Frucht am Hinunterfallen hindern, die Hände dürfen sich keinesfalls beteiligen. Ein Absturz in den Ausschnitt der Dame gilt als Totalverlust.

des Wissens ins Ohr. Auf dem Meer des Odysseus lernte ich haarklein die Vorteile eines Steckkontaktes auf dem Küchenbalkon kennen, hörte viele praktische Winke für Haus und Garten, erfuhr Allgemeingültiges über Liebe, Ehe und Tod sowie ein bewährtes Rezept gegen offene Beine.

Um fünf Uhr nachmittags wurden im Salon Tee und Kleingebäck gereicht, das der Stehgeiger der kleinen

Bordkapelle mit sogenannten »Charakterstücken« aus der Zeit um die Jahrhundertwende musikalisch bestrich. Die Zeit verging nicht wie im Fluge, und das ist ja gerade das Erholsame an einer Schiffsreise, die einem stets doppelt so lang vorkommt, wie sie wirklich dauert. Man gewinnt also zusätzliche Urlaubszeit.

Eine Stunde vor dem Abendessen verschwanden alle Damen von der Bildfläche. Sie zogen sich in ihre Kabinen zurück und um. Der täglich bis zu zehnmalige Garderobenwechsel gibt dem Bordleben seine farbigen Akzente und wirkt auf die weibliche Psyche stark geltungstriebstillend.

Der aufmerksame Speisesaal-Steward hatte inzwischen mein Isoliertischchen an die munteren Schwäbinnen herangerückt. Durch ein seltsames Spiel des Zufalls hatte Frau Meier eines meiner Bücher als Reiselektüre mitgenommen und überhäufte mich während des Essens mit Tips, was ich noch schreiben müßte.

Nach dem Dinner hatte man die Wahl zwischen Kino und Bingo. Die meisten entschlossen sich für das Glücksspiel Bingo, weil es weit mehr Spannung vermittelt als die meisten Filme. Die Mitspieler bekamen Tafeln mit 24 kleinen Fenstern, in denen jeweils eine Zahl zwischen 1 und 99 stand. Jede Tafel hatte eine andere Zahlenmischung und jedes Fenster einen Schieber, mit dem man es schließen konnte. Der Zahlmeister wanderte mit einem Säckchen herum, in dem sich Kugeln mit 99 Nummern befanden. Mehrdeutige Witzchen reißend ging er von

Dame zu Dame, jede durfte hineingreifen und eine Kugel ziehen. Wer die betreffende Nummer hatte, durfte sie auf seiner Tafel zuschieben, und wer als erster alle Fenster zu hatte, war der Gewinner einer Flasche Whisky oder einer Stange Zigaretten.

Nach zwei Stunden emsigen und erregenden Nummernschiebens spielte dann die Bordkapelle zum Tanz.

Dem überreichen Angebot unternehmungslustiger Endvierzigerinnen stand trotz angeblich gefühlsstimulierender Schiffsvibration die nur ganz schwache Nachfrage einiger weniger Herren gegenüber. Aber der Kapitän wußte, was er den ihm anvertrauten Kreuzfahrerinnen schuldig war und warf seine Offiziere bis zum letzten Mann an die Tanzfront.

Sie taten ihre im Anstellungsvertrag der Reederei schriftlich festgelegte Damenschwenkpflicht. So mancher schien dabei von einem ruhigen Job auf einem biederen Frachtdampfer zu träumen.

In den Tanzpausen versuchten der eine oder andere Litzen-Träger, sich in die zweite Klasse zu verdrükken, wo das Durchschnittsalter um 25 Jahre tiefer lag. Solche Deserteure tauchten meist nach kurzer Zeit wieder auf, wenn auch etwas verstört. Ich wurde den Verdacht nicht los, daß der 1. Offizier sie in der zweiten Klasse aufspürte und nach antikem Seemannsbrauch mit der neunschwänzigen Peitsche in den Ballsaal zurücktrieb.

Am nächsten Morgen fuhren wir ein in den Hafen von Izmir, dem früheren Smyrna. Frau Meier rief entzückt aus: »Wie an der Mosel!«

Sie hatte die bei Reisenden häufig auftretende Vergleichs-Manie. Alles war wie irgendwo anders, so daß sie sich die teure Kreuzfahrt eigentlich hätte sparen können. Aber vielleicht verglich sie auch nur, um ihre Weitgereistheit laut kundzutun.

Von den sattgrünen Hügeln Izmirs grüßten uns die haushohen, an Stahlgerüsten montierten Reklamen der türkischen Banken. Wir legten neben einem zur Verteidigung derselben bereiten U-Boot und einem Kreuzer an, was die männlichen Relingsteher zu fundierten Kommentaren über die dank islamischer Religion besonders erfreuliche Kampfkraft türkischer Soldaten veranlaßte.

Die Passagiere wurden mit Lunchpaketen ausgerüstet und in Omnibusse der Firma »Abdullah Tourism« abgefüllt. Frau Meier saß mir zur Seite, als wir gen Ephesus rollten. Mit hellwachen Äuglein und glasklarer Stimme stellte sie fest, daß Izmir sauberer sei als Istanbul, unsere Scheibe jedoch schlecht geputzt und der schwarzgelockte Fahrer schöner als alle Schiffsoffiziere zusammen.

Der anatolische Lenkradvirtuose hatte seinen Führerschein mit Klebestreifen an der Windschutzscheibe befestigt, mit künstlichen Rosen umrahmt und mit Amuletten behängt. Letztere nahm ich ernst, als mein Blick in einen Abgrund fiel, in den ein »Abdullah-Tourism«-Bus gefallen war und nun alle vier Räder nach oben streckte. Der hatte sicher keine Amulette mitgeführt.

Wir rasten durch die fruchtbare anatolische Landschaft. Auf den Feldern standen in kleinen Gruppen kugelrunde, blühende Büsche, und an einigen Bäumen hingen dicke, kunterbunte Blütendolden. Bei näherem Hinsehen entpuppten sich die Büsche allerdings als wuchtige Gesäße in blumenreichen Pluderhosen. Sie gehörten Bäuerinnen, die tiefgebückt und mit dem Rücken zur Landstraße Stecklinge setzten und ihre Kleinstkinder in ebenso bunten Beuteln in die Bäume gehängt hatten.

Da tauchten plötzlich am Straßenrand die ersten Kamele dieser Kreuzfahrt auf und lösten in vierzig Kehlen den Schrei aus: »Ha-a-alt! Das müssen wir fotografieren!«

Die Kameras kreisten, denn jeder wollte sich mit einem Kamel auf dem eigenen Film haben. Frau Meier monierte, daß die armen Tiere so ungepflegt seien: »Man möchte am liebsten erstmal mit Kamm und Bürste rangehen!« Wenn es nach ihr ginge, müßten die Kameltreiber ihre Wüstenschiffe für den Fremdenverkehr ondulieren.

Der nächste Foto-Stop wurde in Elbirlik gemacht, wo auf den antiken Säulen Störche nisten. Diese notorischen Pillen-Gegner hatten für meine Mitreisenden längst jeden Schrecken verloren und gaben Anlaß zu vielen laut belachten Anspielungen.

Durch die Ruinen von Ephesus führte uns ein nach eigenen Angaben »Fimwumackzig«-jähriger Türke. Er war von »Abdullah-Tourism« wohl mit Bedacht ausgewählt worden, um den Kreuzfahrern das Gefühl des Noch-sehr-Jungseins zu vermitteln. Der Greis gab vor, deutsch zu sprechen, aber der einzige allgemein verständliche und häufig wiederkehrende

Wie oft las man in Kunstgeschichten und Reiseführern, daß in den klassischen Ruinen die Steine reden! In Ephesus reden sie wirklich, dank dreisprachiger Beschilderung an den interessantesten Stellen: Türkisch, Deutsch und Englisch. So kann der Tourist

einen Fremdsprachschatz erweitern und an einem ganz speziel-en, seit zweitausend Jahren vorübergehend geschlossenen Eta-blissement sinnenfrohe Andenkenfotos machen. Dem Spiel der Phantasie sind nur vom Anstand bescheidene Grenzen gesetzt.

Satz lautete: »Ihr hier befinden in Heimat von Hummer!«
Ehrfürchtig stand ich vor den Trümmern der Stadt, die der Welt dieses schmackhafte Schalentier gab. Später stellte sich durch Zufall heraus, daß es sich nicht um Hummer, sondern um den altgriechischen Dichter Homer handelte.
Die Ruinen von Ephesus sind sehr weitläufig, aber die schönsten im ganzen Mittelmeerraum. Die antike Hafenstadt war, soweit wir den Erklärungen unseres Türkengreises folgen konnten, berühmt für ihre Tempel, Tavernen, Freudenhäuser und Kurtisanen. Vor einigen geborstenen Säulen verhielt der radebrechende Mentor und sagte: »Dies ist Haus von Hera. Die war ewige Flamme!«
Da konnte man Frau Meier nicht übelnehmen, daß sie zu wissen begehrte, *wessen* ewige Flamme jene Hera war. Der Ruf des antiken Götterhimmels war ja nicht der beste.
Nach schweißtreibendem Abtraben von Stadion, Theater und Tempeln näherten wir uns dem Ausgang des eingezäunten und scharf bewachten Ausgrabungsgeländes. Da hob unser Türke unter geheimnisvollem Getue und sich ängstlich nach allen Seiten umblickend eine Handvoll klitzekleiner Kiesel auf, ließ jeder der Damen einen davon in die Handtasche gleiten und flüsterte: »Nix verraten! Ist streng verboten, auch nur Staubkorn mitnehmen!«
Diese Masche, aus Kieselsteinchen klingende Trinkgeldmünze zu machen, verdiente unser aller Bewunderung. Vor unseren Augen schaufelte gerade ein

Greifbagger solche Kiesel kubikmeterweise in einen Lastwagen, um weitere Ausgrabungen möglich zu machen.

Für eine halbe Stunde wurden wir den Händlern mit Onyx- und Alabaster-Andenken zur Bearbeitung freigegeben. Dann bestiegen wir die Omnibusse, um zur »letzten Wohnung der Jungfrau Maria« zu fahren. So stand es jedenfalls auf den Wegweisern und auf riesengroßen Plakaten am Wege. Vierzig Minuten lang donnerten wir eine steile, lebensgefährliche Serpentinenstraße hoch, landeten in tiefster Bergeinsamkeit auf einem großen Parkplatz mit Sonderpostamt und wurden in einen Wirtsgarten geführt, wo wir unter dem großen Schild »Verbot zu picknikken! Ort des Gebetes!« an extra für diesen Zweck bereitgestellten Tischen unsere Lunchpakete öffneten und verzehrten. Der Wirt sah das gerne, denn für die von ihm servierten Getränke nahm er den Preis eines vollen Menus, das wir selber mitbrachten.

Frisch gestärkt besichtigten wir dann Marias letzte Wohnung. Darüber möchte ich mich nicht weiter äußern, obgleich alle Historiker, Wissenschaftler und sogar viele Kleriker auf meiner Seite stehen. Für eindrucksvolle Andenkenfotos jedenfalls sehr geeignet und zu empfehlen.

Der alte Türke wies auf den Brunnen vor dem kleinen Hause und sagte wortwörtlich: »Dies Sie sehen ist swimming-pool von Jungfrau Maria und erstes Zimmer in Haus ist ihr Salon.« Wunder des Fremdenverkehrs!

Bei der rasenden Talfahrt gab der bildschöne Fahrer

dem Wunsch Frau Meiers nach, unmittelbar hinter einer Haarnadelkurve zu halten, damit sie ein Foto des Panoramas von Ephesus machen konnte. Jeder der hinter uns ahnungslos um die Kurve sausenden Omnibusse hatte eine reelle Chance, uns in den Abgrund zu torpedieren.

Von der für uns gar nicht zuständigen Hand Allahs beschützt, kamen wir wider Erwarten heil in Izmir an.

Vor neuerlichem In-See-stechen wollte ich noch im Hotel »Efeso« ein lukullisches Mahl einnehmen, das mich für das Lunchpaket entschädigen sollte. In diesem Hotel war nämlich ein berühmter und mit vielen Medaillen dekorierter Koch tätig, wie ich aus kompetenten Quellen wußte.

Der Ober verkündete mir eine Trauerbotschaft: Die Perle der Köche war vor zwei Wochen anläßlich eines Streites um eine Sauce von einem heißblütigen Küchengehilfen mit einem Tranchiermesser erstochen worden. Welch schöner und standesgemäßer Tod für einen Meisterkoch!

Der Himmel hatte sich verdüstert, wir stachen in eine stark bewegte See. Für die Reederei war das ein Geschenk des Himmels, denn Passagierschiffe werden erst durch schlechtes Wetter rentabel: Die meisten Gäste verlangen dann nur ungesüßten Tee, Haferschleim und etwas Toast. Auch die abendliche Geselligkeit litt unter dem Seegang, obgleich die Bordmusiker sich bis auf den grünlich schimmernden Pianisten als seefest erwiesen und die Füße ihrer Notenständer durch aufgesetzte Gummipfropfen rutschfest gemacht hatten. Aber sogar Frau Meier wurde still, und das will was heißen. Die Schaukelei hörte erst auf, als wir am nächsten Morgen in den Hafen von Piräus einliefen.

Frau Meier war sofort wieder topfit, lehnte sich über die Reling und stellte fest: »Nicht wiederzuerkennen! Da sehen Sie mal, was eine starke Hand ausrichten kann! Der ganze Dreck ist weg!«

Tatsächlich, der mir aus früheren Zeiten vertraute Melina-Merkouri-Hafen war bis zur Unkenntlichkeit verschönert: Riesige Blumenrabatten, in den Landesfarben kunstvoll komponiert, Hecken mit militärischem Haarschnitt, Fahnen noch und noch, aber das Schönste war das riesige Emblem der neuen Herren, das drei Stockwerke hoch am Hafengebäude befestigt war: Ein Vogel Phönix mit durchscheinendem Bauch, und darin die Silhouette eines sein Gewehr präsentierenden Soldaten, unter dessen Gesäß Flammen züngelten.

Das erinnerte mich an meine unvergessene Dienstzeit, als der Feldwebel zu brüllen pflegte: »Ich werde euch Feuer unter dem ... machen, daß die ... kocht!«

Am deutlichsten wurde der Umschwung im freiheitsdurstigen Lande der Hellenen, als das Fallreep heruntergelassen wurde und Polizisten mit einem Telefon an Bord kamen, dessen nach hinten abrollende Schnur die Beamten über einen Steckkontakt in der Kaimauer mit der Zentrale des Militär-Regime-Sicherheitsdienstes in Athen verband. Das machte sofortige Rückfragen bei der Paßkontrolle möglich.

Die Stuttgarterinnen waren in den Geheimarchiven noch unbescholten und konnten sofort an Land gehen. Bei mir machte die hochverdächtige Berufsbezeichnung »Journalist« längere Nachforschungen nötig. Zu meiner Schande muß ich gestehen, daß man mich passieren ließ.

Auf die für alle Passagiere mit einwandfreiem Vorleben offene Athen-Rundfahrt habe ich verzichtet und einen kurzen Bummel durch den Hafen von Piräus gemacht. An jeder Ecke wurde mit schwarzen Brillen gehandelt, unentbehrliches Requisit für Leute, die nicht erkannt werden wollen. Ein neues Striptease-Cabaret mit dem Namen »Kennedy« hatte sich in der ehemaligen »Sonntags-nie«-Gasse etabliert, und etwas weiter lockte das Plakat »Deutsche Kneipe!« in »Josefs Weinstube zur guten Laune«.

Da bin ich wieder an Bord gegangen und verfolgte über die Reling ein Fußballspiel, das auf dem Kai von den Mannschaften zweier nebeneinanderliegender Schiffe ausgetragen wurde und dessen Reiz darin bestand, daß der Ball immer wieder aus dem Hafenbecken herausgefischt werden mußte.

Als Frau Meier von der Athen-Besichtigung zurückkehrte, war sie des Lobes voll über die Sauberkeit, die nur noch stellenweise zu wünschen übrig ließ.

In der Abenddämmerung schob sich unser Amüsierkreuzer im Schrittempo durch den Isthmus von Korinth, dessen Wände man fast berühren konnte. Mit Recht sagte Frau Meier: »Hätten die faulen Köppe den Kanal damals etwas breiter gegraben, könnten wir mit Karacho durchzwitschern!«

Und dann wurde uns der Höhepunkt jeder Seereise beschert: Das »Captains Dinner« mit anschließendem Bordfest.

Als Kapitän und Offiziere in schneeweißen Gala-Uniformen den vollbesetzten Speisesaal betraten, rauschte gewaltiger Applaus auf. Er sollte den Dank dafür ausdrücken, daß diese Männer uns bisher glückhaft an allen in den Transportbedingungen kleingedruckten, haftungsausschließenden Katastrophenfällen vorbeigeführt hatten.

Die Köche gaben ihr Bestes, und der Kapitän gab eine Rede zum besten, in der er uns viele schöne Reisen wünschte, natürlich nur auf den Linien seiner Reederei.

Im Namen der Passagiere drückte die schwäbische Reiseleiterin Dank, Bewunderung und noch vieles andere aus, was ihr unter dem Herzen lag. Lustige Papierhüte und Luftschlangen wurden ausgegeben, die Musiker entsicherten ihre Instrumente, das bacchantische Bordfest begann.

Der als »Maître de plaisir« fungierende Zahlmeister, eine nicht für möglich gehaltene Kreuzung aus Kulenkampff und Frankenfeld, arrangierte jene bewährten Tanzspiele, die blitzschnellen Partnerwechsel erfordern und so allen Damen zu ihrem Recht verhelfen.

Es wurde ein rauschendes Fest. Einen ganzen Walzer lang lag Frau Meier selig in den Armen des 1. Ingenieurs, der sich am Abend vorher gerühmt hatte, jede, aber auch jede Maschine in Gang bringen zu können. Nun bewies er es.

Der nächste, etwas verkaterte Tag verging mit Deckspielen (das ist nicht etwa ein Begriff aus der Viehzucht, wie Frau Meier zunächst errötend glaubte) und gründlichem Durchsprechen des vergangenen Abends.

Bei Einbruch der Dämmerung durchfuhren wir die Straße von Messina und wurden dann in stockdunkler Nacht über Lautsprecher an Deck gerufen, um am Stromboli zu schnuppern. Dieser alle sieben Minuten am Kraterrand rosa aufleuchtende Vulkan war in der Finsternis kaum zu erkennen und nur mit der Nase an seinem brenzligen Geruch wahrnehmbar.

Der kaum ernstzunehmende Obersteward wollte uns einreden, daß im Krater ein Vulkanwächter auf ein Funksignal vorbeikommender Kreuzfahrt-Schiffe einen Haufen alter Zeitungen anzündet und dafür von den Reedereien, die ihren Passagieren etwas bieten wollen, entlohnt wird. Aber vielleicht hatte der Obersteward doch recht, denn der Krater leuchtete plötzlich kurz auf. Im Fremdenverkehr ist nichts unmöglich.

Und wieder ging ein schöner Tag zu Ende, wie Frau Meier auf dem Heimweg in die Kabine so treffend zu singen pflegte. Es kamen noch eine ganze Reihe: In Neapel, Marseille und Genua. Überall genossen wir das herrliche Gefühl, nach der Besichtigung von vielerlei pittoreskem Elend stets auf unser im Hafen liegendes Luxus-Schiff zurückkehren zu können. Dort war allabendlich die Welt wieder in Ordnung. Vom Kapitän als idealer Vaterfigur auf geradem Kurs gehalten, vom Steward bemuttert, von vielen Köchen liebevoll bekocht und von den Musikern allabendlich mit dem Lied »Guten Abend, gute Nacht, von Englein bewacht« verabschiedet, konnte man totales Urlaubsglück genießen.

Der einzige Schatten, der auf das Ende jeder Kreuzfahrt fällt, ist das Trinkgeldproblem. Am letzten Tage muß man nämlich zur Kasse bzw. jenem kleinen Tisch am Ausgang des Speisesaals schreiten, wo in einer Art goldenem Buch das vor aller Augen abzuliefernde Trinkgeld eingetragen wird. Leider vergessen hier sehr viele, wie hervorragend sie betreut wurden.

Als ich nach dem Verlassen unseres in so kurzer Zeit zur Heimat gewordenen Schiffes inmitten hektischen Getriebes auf einem Bahnsteig des Hauptbahnhofs von Genua stand, fand Frau Meier haargenau die richtigen Worte. Von Gepäckträgern, falschen Auskünften, Streikmeldungen und nicht vorhandenen Zuganschlüssen an den Rand des Wahnsinns gebracht, rief sie frei nach Shakespeare aus: »Ein Schiff, ein Schiff – ein Königreich für ein Schiff!«

Besseres kann man über eine Kreuzfahrt wohl kaum sagen.

Kontakte an der Seine ...

Haben Sie schon mal etwas von »Kontaktreisen nach Paris« gehört? Viele Leser werden augenzwinkernd sagen: »Jede Reise nach Paris ist doch eine Kontaktreise! Haha!« Das mag stimmen, aber hier handelt es sich um etwas viel Hochstehenderes, nämlich um echte »Bildungsreisen«.

Wir leben im Zeitalter der Gesellschafts-Touristik. Wer heute als bildungshungriger Einzelreisender fremde Länder kennenlernen will, muß mit stark überhöhten Kosten rechnen und vor allem damit, daß er an interessanten Orten nur mühsam eine Bleibe findet und von den organisierten Gruppen an die Wand gedrückt wird.

Um auch die letzten räudigen Reise-Schafe einzufangen, die noch unbetreut in Urlaub gehen, haben die nimmermüden Reisebüros die »Kontaktreisen« erfunden. Sie sollen, laut farbenprächtigem Prospekt, »politisch interessierten und besonders aufgeschlossenen Reisefreunden« Kontakte mit den nationalen und übernationalen Institutionen des westlich-europäischen Lebensraumes vermitteln.

Weil ich mich schon immer gerne einmal im Kreise politisch interessierter und aufgeschlossener Bundesbürger bewegen wollte, habe ich in Paris so eine Kontaktreisegesellschaft begleitet. Der Gruppe wur-

de die Möglichkeit geboten, Organisationen wie UNESCO und NATO am Orte ihres Wirkens zu besuchen und Vorträgen aus berufenem Munde zu lauschen.
Die Gruppe bestand aus sechs Personen, die aus dem Gebiet zwischen Flensburg und Mittenwald zusammengeströmt waren. So viele politisch interessierte Menschen (abgesehen von den in der Politik hauptamtlich Beschäftigten natürlich) hätte ich auf dem engen Raum der Bundesrepublik gar nicht vermutet.
Bei der frühmorgendlichen Zusammenkunft in der Hotelhalle lernte ich meine Mit-Kontaktler kennen: Eine Zugsekretärin aus München, die wie Grete Weiser aussah und auch so pfiffig war, eine liebe, kleine Verkäuferin aus Kiel, die das Wort Kontakt völlig unpolitisch verstanden hatte, zwei reifere Damen, rechte Hände rheinischer Bürochefs, und ein Jüngling, der soeben seine Schulzeit beendet hatte und sich vor dem Einrücken zur Bundeswehr noch schnell an berufener Stelle darüber orientieren wollte, was er im so oft zitierten Ernstfall alles zu erwarten habe. Außerdem eine fesche, alleinreisende Enddreißigerin aus Hannover, die wiederholt ihrer Enttäuschung darüber Ausdruck gab, daß im zugewiesenen Hotel nur Deutsche verkehrten.
Diese aufgeschlossene Reisegesellschaft wurde von einer charmanten jungen Dame aus Pinneberg betreut, die vor einiger Zeit dem unwiderstehlichen Reiz von Paris verfallen war und seitdem hier im Dienste des Tourismus steht. Sie übergab mir ein

Heftchen mit dem überraschenden Titel *»In Frankreich leben Franzosen«*! Dieser Satz beweist, daß die Broschüre von einem subtilen Kenner verfaßt wurde und sich an die geistige Elite wendet.
Der erste Kontaktbesuch galt der kulturellen Organisation der Vereinten Nationen, der UNESCO.
In der riesigen Eingangshalle des tausendfenstrigen, supermodernen Gebäudes, an dem sich die fortschrittlichsten Architekten mehrerer Länder in gemeinsamer Arbeit ausgetobt haben, empfing uns eine mehrsprachige Beamtin. Sie führte die kleine Gruppe durchs Haus und leierte in jedem Raum herunter, aus welchem Material Fußböden, Wandverkleidungen und Möbel hergestellt waren und welches Mitgliedsland die Einrichtung beisteuerte. Außerdem wies sie etwa zehnmal darauf hin, daß sich in den das Gebäude tragenden Betonsäulen echt kupferne Abflußrohre für Wasser und anderes befänden. Als unbefangener Zuhörer konnte man den Eindruck gewinnen, daß diese Röhren das wichtigste an der UNESCO seien.
Wir kamen an einem Zeitungs- und Buchverkaufsstand vorbei, wo ich eine hübsche Bestätigung für die Bemühungen der UNESCO fand, die Menschen aller Kulturkreise einander näherzubringen: Da lag in auffällig vielen Exemplaren ein Heft mit dem Titel »Astrologische Ratschläge zu lieben und geliebt zu werden.«
Als ich davor stand, verlangte ein bebrillter Japaner die UNESCO-Broschüre »The sexual behavior of human beings in high altitudes«, also den Kommis-

sionsbericht über das »Sexual-Verhalten des Menschen in großen Höhen«. Er war ausverkauft, es gibt ihn also. Ob es sich dabei um Probleme des Luftverkehrs, des Bergsteigens oder des Lebens in Dachwohnungen handelt, konnte ich leider nicht in Erfahrung bringen, denn die Führerin trieb uns weiter. Vor dem großen Wandgemälde Picassos durften wir alle raten, was es darstellen sollte, denn der alte Witzbold hat dem Bild keinen Namen gegeben, um die Beschauer im Sinne des Hauses geistig anzuregen.

Die Dame erzählte uns, daß der Bau neun Millionen Dollar gekostet habe, daß alle Rechnungen bezahlt seien und daß sich die UNESCO selber verwalte.

Das war ein wertvoller Hinweis! Nun wußte ich endlich, was in dem riesigen Gebäude gemacht wurde: Man verwaltete sich selbst, wodurch natürlich enorme Kosten gespart werden.

Die Führung ging weiter. Wir erfuhren Menge und Herkunft des verwendeten Baumaterials, das Gewicht der Plastik Henry Moores (62 Tonnen echter Carraramarmor) sowie den symbolisch zu verstehenden Mietpreis von 10 Francs, den die UNESCO jährlich an den französischen Staat zahlen muß.

Sehr interessant war auch die Mitteilung, daß jede freischwebende Betonstufe der außen am Bau klebenden Feuertreppe vier ausgewachsene Feuerwehrmänner tragen kann. Auf den Stufen dieser Wendeltreppe hätten also fast eintausend Feuerwehrleute Platz. Aber eine wirkungsvolle Brandbekämpfung dürfte dann kaum noch möglich sein.

Uns wurden viele prächtige Konferenzsäle gezeigt. Jeder war von einer anderen Nation gestiftet. Besonders schön war natürlich der von der Bundesrepublik beigesteuerte. In der Mitte ein Verhandlungstisch aus eiskaltem Marmor, mit hochglanzpolierter deutscher Eiche abgesetzt. Überall Mikrophone und Kopfhörer zum Mithören, wahrscheinlich eine Gabe des Verfassungsschutzamtes. Eine Stuckdecke, die in drei Wellen über dem Ganzen schwebte, soll den Besuchern wohl zeigen, was für große Wellen wir machen können.

Es wurden noch viele interessante und schöne Dinge gezeigt, zum Beispiel eine Keramikwand von Joan Miró. Als die Führerin erwähnte, daß die Leuchtkraft der Farben einer Beimischung von Uran zu verdanken sei, traten alle Besucher erschreckt zurück und hielten Handtaschen und andere Gegenstände vor diejenigen Körperpartien, die als besonders strahlungsgefährdet gelten.

Nach dem Rundgang wurden wir in einen Sitzungssaal geführt, und nun merkte ich, worin der einzigartige Reiz der »Kontaktreisen« bestand: Jeder konnte sich als Delegierter fühlen, denn alle Mitreisenden durften am hufeisenförmigen Konferenztisch mit sauber ausgerichteten grünen Schreibunterlagen und ebenso sauber ausgerichtetem Papier und tadellos gespitzten Bleistiften Platz nehmen. Wasserkaraffen, Aschenbecher und Kopfhörer vervollständigten das imposante Bild. Als ein hoher deutscher UNESCO-Beamter uns dann noch als »Deutsche Delegation« begrüßte, schwoll allen die Brust.

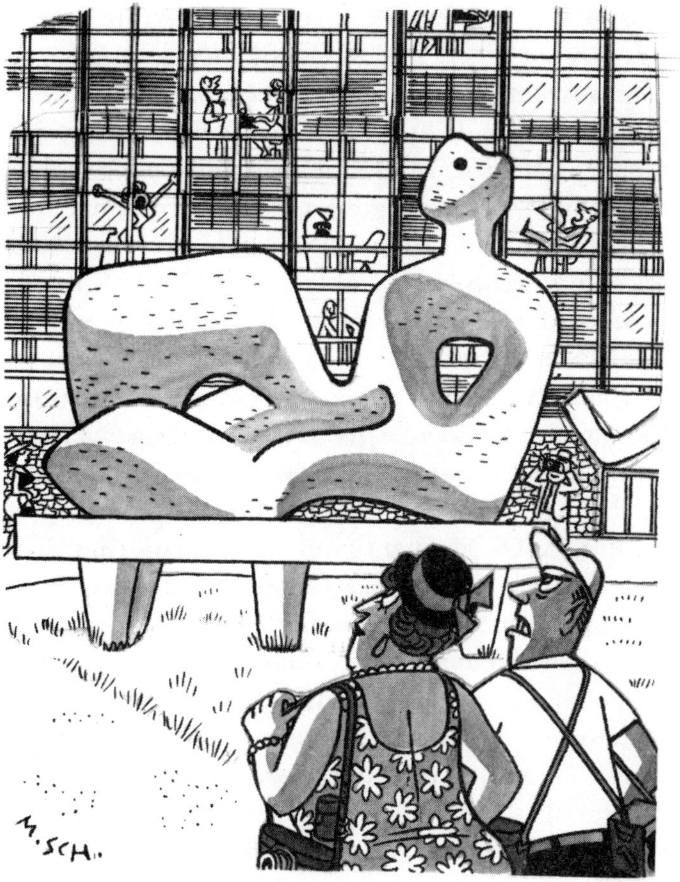

Die Monumentalplastik »Die Liegende« von Henry Moore vor dem UNESCO-Gebäude verfehlt oft ihre Wirkung auf Gäste, die vom Invaliden-Dom herüberkommen: »Das ist die UNESCO? Dann gehen wir lieber wieder rüber ins Armeemuseum!«

Der Herr klärte uns in einstündigem Vortrag über das Wesen der UNESCO auf, deren zahlreiche Kommissionen und Unterkommissionen in monatelangen Sitzungen kulturelle und erzieherische Probleme studieren. In Denkschriften übermitteln sie den hundertsechs Regierungen Verbesserungsvorschläge, die dann zu den Akten gelegt werden, weil das zur Durchführung nötige Geld für die Rüstung gebraucht wird. (Der Herr sagte das natürlich nicht so klar und deutlich.)
Der UNESCO steht aber für die kulturellen Bemühungen in hundertsechs Ländern immerhin ein jährlicher Etat zur Verfügung, der genau dem Anschaffungswerte eines kompletten Düsenbombers entspricht. Dieser Betrag soll zur Mehrung des Wissens und vor allem zur Beseitigung des Analphabetentums dienen. Ein schönes Ziel, wenn ich auch zu bedenken geben möchte, daß nichts auf der Welt so staatserhaltend und wehrfreudig ist wie ein Analphabet.
Der Sprecher verriet uns dann, daß eine Sonderkommission mit der Aufstellung einer Liste von Kulturdenkmälern beschäftigt sei, die im Kriegsfalle von beiden Parteien geschont werden sollen.
Mit so einer Liste in der Tasche können Optimisten bei kriegerischen Verwicklungen ihren Aufenthaltsort sehr geschickt wählen. Die Verteidigungsminister müßten natürlich dafür Sorge tragen, daß ein Durchschlag der Aufstellung an jeder Kanone oder Raketenrampe mit einem Klebestreifen befestigt wird.

Die von einer UNESCO-Kommission vorbereitete Liste derjenigen Kulturdenkmäler, die im »Ernstfall« von beiden Seiten geschont werden sollen, dürfte in Krisenzeiten der Camping-Bewegung einen gewaltigen Auftrieb geben.

Als unsere »Delegation« den Kulturpalast verließ, las ich auf einer Tafel am Ausgang, daß im Saal I ein Treffen des »Unterkomitees für Termiten« stattfand und im Saal II eine Sitzung der »Arbeitsgruppe zur Vorbereitung einer Ausstellung von Kunstwerken gegen den Krieg«. Das war ja der reinste Defätismus! Man sagte mir aber, daß das Bestehen einer Arbeitsgruppe noch lange nicht heißt, daß ihre Pläne jemals zur Ausführung kommen.

Letzteres möchte man auch der NATO wünschen, die in einem flaggengeschmückten Riesengebäude an der Porte Dauphine emsig tätig ist.

Etwas verängstigt stand unsere kleine Gruppe, die der Zufall und ein Reisebüro zu einer »Delegation« zusammengeschweißt hatten, in der gewaltigen Halle des übernationalen Kriegsministeriums. Auf einer Tafel stand: »8 Uhr: Orientierungskursus für Generale.«

Dieser Lehrgang erschien mir sehr wichtig, denn die Erfahrung hat ja gezeigt, daß Generale sich bei Kriegsende oft ganz gewaltig verlaufen und nur selten dorthin kommen, wo sie hin sollten.

Auf einer anderen Tafel konnte man lesen, für welche Reisegruppen der Vortragssaal um zehn Uhr reserviert war. Unter anderem für »Aachener und Dortmunder Lehrer«.

Die »Public Relations«-Abteilung der NATO ist wirklich tüchtig: Sie lädt die Lehrer ein, weckt oder wiedererweckt deren Wehrfreude, die sich dann im Unterricht auf das heranwachsende Menschenmaterial überträgt.

Vor dem Vortragssaal lagen NATO-Broschüren zum Mitnehmen. Die hübscheste hatte als Titelblatt einen buntgekleideten, stilisierten Clown, der einen weißen Schirm vor sich hielt. Darunter stand in großen Lettern: »Wachsamkeit ist der Preis der Freiheit!« Erst bei näherem Hinsehen merkte man, daß der Clown kein Clown, sondern eine aus den Landesflaggen der fünfzehn NATO-Staaten zusammengesetzte allegorische Figur war.

Nachdem meine Reisegefährtinnen sich reichlich mit Prospekten versehen hatten, wurden wir in den Saal geführt. Dort saß bereits eine etwa hundert Mann starke Gruppe: die Lehrer aus Aachen und Dortmund.

Die Gäste wurden von einem NATO-Sprecher herzlich begrüßt. Dann wurde uns ein Kulturfilm vorgeführt; das ist wohl das letzte, was man in einem solchen Hause erwartet.

Die herrlichsten Luftaufnahmen europäischer Hauptstädte zogen, von sinfonischer Musik und einem lyrischen Kommentar untermalt, über die Leinwand. Hin und wieder schwebten leise und diskret Düsenjäger der NATO durch das Bild. Der Film gipfelte in dem mit Werbefernseh-Pathos verkündeten Slogan, daß die soeben gezeigten Schönheiten Europas, vom Eiffelturm bis zur Akropolis, vom Tower bis zur Peterskirche, ihr momentanes Nochvorhandensein ausschließlich der NATO verdanken. Mit Orgelklang und einem Dank an die Luftwaffen der westlichen Länder endete der hervorragend gemachte Streifen.

Meine Delegationskameradinnen waren von dem Kulturfilm mit Düsenjägerbegleitung mit Recht begeistert. In diesen wohlvorbereiteten Boden pflanzte nun ein auf der Bühne erscheinender Herr den Baum der NATO-Erkenntnis vom Frieden durch Abschreckung.

Die Tätigkeit der NATO ist zwar von der Putzfrau bis zum General streng geheim, aber einiges Wichtige erfuhren wir doch. So sagte der Redner unter anderem: »Die meisten Artikel des NATO-Vertrages sind deklamatorischer Natur.« Das Gefühl hatte ich schon lange, hätte es aber nie zu sagen gewagt.

Sehr hübsch war auch der Satz: »Wenn die Gefahr aus dem Osten nicht bestehen würde, wären wir überflüssig ... aber es ist kein Drama, wenn wir überflüssig sind, wir sind anpassungsfähig und würden etwas anderes machen!« Als ich das hörte, gedachte ich mit Wehmut jener Zeit, in der hochqualifizierte Generalstabsoffiziere als Versicherungsvertreter zivile Klinken putzten.

Nachdem der sprachgewandte Herr uns eine halbe Stunde lang über das Funktionieren seiner Firma unterrichtet hatte, durften Fragen gestellt werden.

Die pfiffige Zugsekretärin aus München wollte wissen: »Ist ein Krieg durch Irrtum möglich?«

Eine solche Frage konnte nur von einer Frau kommen, denn jeder militärisch gebildete Mann weiß, daß vom Unteroffizier aufwärts ein Irrtum ausgeschlossen ist. Und die über Krieg und Frieden entscheidenden Knöpfe werden nachweislich nur von höheren Dienstgraden bedient.

Aber diese logische Antwort gab der Redner nicht. Er beruhigte die Dame mit dem Satz: »Ein Krieg aus Irrtum ist so gut wie ausgeschlossen!«
So gut wie. Alles aufatmen!
Anschließend sprach ein sehr witziger Portugiese von den politischen Aspekten der NATO. Er beklagte die noch immer starke nationale Eifersucht zwischen den Bündnispartnern, die eine Beschlußfassung sehr erschwere.
»Aber«, so sagte er wörtlich, »die Ermüdungsmethode schafft unter den fünfzehn NATO-Mitgliedern nach vier bis fünf Sitzungen die erforderliche Einstimmigkeit.«
Ich glaube, da spielt der Charme von Paris eine bedeutende Rolle. Ich spürte am eigenen Leibe, wie sturzlangweilig das Palavern in einem Sitzungssaal ist. Draußen schien die Sonne, fröhliche Menschen, die fröhlich waren, weil sie gar nichts von NATO-Plänen wußten, spazierten an der Seine entlang.
Noch einmal durften Fragen gestellt werden.
Ein Lehrer aus Dortmund oder Aachen erhob sich und fragte mit militärisch gut durchgebildeter Stimme: »Ist der Befehlsapparat der NATO nicht zu schwerfällig durch den Konsultationszwang zwischen den Verbündeten? Wir haben damals, als Churchill und Roosevelt gegen uns marschierten, durch deren Bündnisschwierigkeiten viele Siege errungen!«
Der Portugiese schluckte hörbar etwas herunter und sagte: »Wenn keine Zeit mehr zum Verhandeln ist, haben die Offiziere besondere Vollmachten.«

Na, denn gute Nacht.
Als noch mehr Fragen strategischer Art losgelassen wurden, sagte der Portugiese charmant lächelnd: »In militärischen Dingen bin ich blutiger Laie.«
Das rührte mich sehr, denn im Ernstfall sind es wirklich die Laien, die bluten müssen, während die Fachleute in den Stäben tätig sind. Wenn's schiefgeht, bilden die Experten, wie die NATO zeigt, mit den Stäben der Gegenseite einen neuen, gemeinsamen Stab.
Nach dem Vortrag fuhren wir hinauf zum Dachrestaurant. An der Bar standen Geheimnisträger mit und ohne Uniform beim Apéritif. Sie trugen offensichtlich schwer an ihren Top-Secreten, denn ihre Gesichter waren nicht fröhlich. Aber vielleicht lag das nur daran, daß die Weltlage im Moment entspannt war. Auch hübsche weibliche Geheimnisträger schwebten durch den Raum und trugen unter appetitlichen Sommerblusen stahlhartes strategisches Wissen in der Brust. Sie wurden von den Kontaktreisenden als Mata Haris bestaunt.
Beim Essen hörte ich, wie den Dortmunder Lehrern am Nebentisch gesagt wurde: »Beeilen Sie sich mit dem Essen. Bei SHAPE müssen wir pünktlich um drei ankommen.«
Die fuhren zu SHAPE, dem geheimnisumwitterten Hauptquartier der NATO! Das hätte ich zu gerne mitgemacht. Ich verließ meine Kontaktgruppe und versuchte unten, vom Dortmunder Omnibus mitgenommen zu werden. Man beschied mich abschlägig, wie so etwas amtlich heißt. Nur eingeladene, gesieb-

Diese Szene erlebte ich im dritten Stock des UNESCO-Gebäudes. Im ersten Augenblick überraschend in einem Hause, das der Pflege kultureller Beziehungen zwischen den Nationen dient, entpuppte sich die Revolverjagd jedoch als völlig harmlos: In den indischen Delegationsräumen hatte ein Zigarettenstummel einen Papierkorb in Brand gesetzt. Das japanische Delegationsmitglied wollte mit den überall in den Gängen angebrachten pistolenförmigen Kleinstfeuerlöschern helfen.

te Personen dürften in das Allerheiligste der modernen Kriegsführung. Der Omnibus fuhr ohne mich ab.

Ich stand neben einem blau-weißen Reisebus mit der Aufschrift »Blauer Enzian«. Aus dem NATO-Portal strebte eine fröhliche Gruppe von Damen und

Herren diesem Gefährt zu. Einer rief: »Auf geht's zu SHAPE!«
Ich sagte dem Fahrer, ich sei Dortmunder Lehrer und hätte meinen Omnibus verpaßt. Ob er wohl so freundlich wäre und mich mitnähme? Er war es, ich durfte mitfahren.
Um mich herum lauter biedere Männer und Frauen, die bayerisch sprachen.
Ich fragte den neben mir sitzenden Herrn, der wie ein braver Metzger aussah, was für eine Gruppe das hier sei.
»Mir san Führungskräfte!« sagte er selbstbewußt.
Erstaunt fragte ich zurück: »Aus der Wirtschaft?«
Mein Nachbar sagte: »Naaa! Mir san Führungskräfte der Jungen Union aus Schongau!«
Ich erbleichte und setzte schnell eine Sonnenbrille auf, denn in diesen Kreisen bin ich nicht beliebt. »Aha«, sagte ich, »und die mitreisenden Damen sind die Gattinnen?« Die Antwort darauf war überraschend: »Teils, teils! Einige sind Vertrauensmädchen der Partei!«
Ich kann mir keine rechte Vorstellung machen, was für Funktionen Vertrauensmädchen der Partei auf Reisen nach Paris haben. Danach zu fragen, wagte ich nicht, um mich nicht verdächtig zu machen. Denn ich war immerhin drauf und dran, mich mit einer politisch wertvollen Gruppe als gelernter Defätist ungebeten in ein Hauptquartier einzumogeln.
Während der Fahrt erzählte mein Nachbar noch, wie ungeheuer schwer es war, einen Termin zum Besuch bei SHAPE zu bekommen. Monatelang mußte

die Schongauer Junge Union auf günstigen Bescheid warten.
»Wir sollen alles, was wir bei NATO und SHAPE sehen und hören, unter die Bevölkerung tragen«, sagte der Mann neben mir. Da hatten wir ja im Prinzip dasselbe vor.
Dann verriet er mir noch, daß die Paris-Reise für die Junge Union sehr billig sei, denn das Auswärtige Amt zahle einen Zuschuß.
Sei's drum – meine Steuern sind schon für schlimmere Sachen draufgegangen als für Paris-Reisen wahlberechtigter Schongauer.
Kurz hinter St. Cloud wies ein riesiger Wegweiser zum Hauptquartier, das zu meiner großen Verwunderung nur aus einem Barackenlager besteht. Aber vielleicht ist das, worauf es ankommt, in den Boden hineingearbeitet.
Der Bus fuhr an den Wachtposten vorbei durch einen Fahnenwald und hielt vor der Empfangsbaracke. Sie war auf einen Sockel gestellt worden, denn nach alter militärischer Tradition braucht ein Hauptquartier eine Freitreppe. Ein deutscher Offizier (Heimat, deine Sterne!) empfing uns und bat höflich, zu einem Gruppenfoto auf der Treppe Aufstellung zu nehmen. Die wollten anscheinend genau wissen, wer da hereinkommt. Mir war nicht sehr wohl dabei, denn wenn man erst einmal fotografiert in einem Militär-Archiv liegt, muß man mit dem Schlimmsten rechnen. Auch fürchtete ich, daß irgendein unteres oder oberes Sicherheitsorgan an Hand der Fotos merken könnte, daß bei den drei-

unddreißig angemeldeten Schongauern noch eine vierunddreißigste Figur stand. Doch nun gab es kein Zurück mehr.
Durch ein Spalier von Militärpolizisten wurden wir in einen langen Gang geführt. Neben jeder Tür hing ein Schildchen mit einem hohen militärischen Dienstgrad, oft mit zusätzlicher Erwähnung einer Madame Sowieso für die praktische Arbeit.
Wir landeten im Vortragssaal, wo bereits wieder die Aachener und Dortmunder Lehrer saßen. Auf der Bühne standen ein Rednerpult und eine Staffelei mit einem dicken Stoß bunter Schaubilder. Ein veritabler britischer Brigadegeneral mit roten Kragenspiegeln und ebensolchem Schnurrbart, wie dem »Punch« entstiegen, trat ans Mikrofon. Er begrüßte die Versammelten in tadellosem Oxford-Englisch. Nach ihm trat ein französischer Offizier auf und erklärte uns an Hand bildlicher Darstellungen die sowjetische Bedrohung. Er nannte Zahlen über Zahlen, und die Schongauer Vertrauensmädchen machten sich Notizen, damit sie den heimischen Agronomen und Wählern die beruhigende Neuigkeit mitteilen konnten: Die Russen haben viele Waffen, wir aber auch.
Der Offizier hatte durchaus menschliche Züge und sprach sorgenvoll von dem Wettrüsten als »phantastischem und grausigem Schachspiel«.
Aber dann kam ein deutscher Luftwaffenoffizier an die Reihe. Er ließ uns zunächst geistig »rühren«, denn er sagte: »So, nun können wir deutsch miteinander reden!«

Er begann mit einem Satz, der in jedes Schullesebuch aufgenommen werden sollte: »Rußland hat den Nachteil enormer Größe!«
Die Richtigkeit dieser Aussage kann ich vollauf bestätigen, denn ich habe vor nicht allzu langer Zeit in staatlichem Auftrag den Versuch unternehmen müssen, Rußland zu Fuß zu durchqueren.
Nach dem Fundamental-Lehrsatz schnarrte unser Mann, mit der rechten Fußspitze überlegen wippend: »Wie sah es 1945 aus?«
Eigentlich hätte ich jetzt einwerfen sollen: »Besser als heute – wir hatten nämlich begründete Hoffnung, daß der Spuk vorbei sei!« Das meinte der Vortragende aber nicht.
Auf der Staffelei sahen wir eine Europakarte mit den lumpigen zwanzig Militärflugplätzen Westeuropas im Jahre 1952. Stolz zeigte uns der Besternte das nächste Schaubild: Auf der rosa Europakarte waren in gelben Kreisen wie Dotterblümchen einige hundert Flugplätze vom Nordkap bis zur Türkei eingezeichnet. Das gab natürlich ein ganz neues Sicherheitsgefühl.
Eine Minute später allerdings wies der junge Mann darauf hin, daß die Zeit des Flugzeuges vorbei sei, denn Raketen seien praktischer und beweglicher, weil sie keine Flugplätze benötigten. Da brach die Staffelei mit den Schaubildern zusammen, was man ihr nicht übelnehmen konnte. Eine Führungkraft der Jungen Union sprang hilfsbereit herbei, aber der Offizier ließ alles am Boden liegen und zeigte die restlichen Bilder freihändig.

Er fragte rhetorisch: »Was ist Abschreckung?« und zog ein Stück Papier aus der Tasche, um die Definition des Wortes abzulesen. Man kann von einem Berufsoffizier wohl nicht verlangen, daß er die verwirrende Logik der Abschreckungstheorie auswendig hersagt. Sie bedeutet, auf den Kern zusammengezogen, etwa: »Je mehr Waffen man hat, um so weniger gehen sie los.« Oder, ins praktische Leben übersetzt: Wenn man die Badewanne immer bis zum Rand voll Benzin hat und viel raucht, ist man vor Wohnungsbränden am sichersten. (Das letzte Gleichnis stammt nicht von SHAPE, sondern von mir.)
Im übrigen erfuhren wir nichts, was nicht schon seit Jahren in den Zeitungen gestanden hätte. Aber wir erfuhren es an Ort und Stelle. Und darin liegt eben der besondere Reiz der Kontaktreisen.
Als Höhepunkt bekamen wir zu hören: »Abschrekkung ist aktiver Pazifismus.«
Und dann begründete der aktive Pazifist die Notwendigkeit konventioneller Waffen. Er sagte wörtlich: »Der ganz große Atom-Bumm« – damit meinte er den zweiseitigen Atomschlag, der sofort die für einen Friedensschluß nötige Anzahl von Toten erzielt – »das ist zu schön, um wahr zu sein.«
An der Rückwand des Saales hing eine Uhr. Sie ging drei Stunden nach. Welch hübsches Symbol!
Vertrauensmädchen und Führungskräfte der Jungen Union klatschten im Verein mit den Lehrern begeistert Beifall.
Zur Belohnung wurden wir in einen großen, teppichbelegten Raum geführt, wo weißlivrierte Sol-

An jedem Sitz im Vortragssaal des SHAPE-Hauptquartiers hängt ein Kopfhörer, damit die Gäste sich die Ausführungen in ihrer Muttersprache anhören können. Der Betreuungsoffizier rät den Damen zu der hier gezeigten frisurschonenden Tragweise, die allerdings oft den Eindruck eines breiten Grinsens erweckt. Aber man kann dadurch den Hut aufbehalten, der beim Anhören der Abschreckungstheorie sowieso häufig hochgeht.

daten Gin und eisgekühlten Whisky anboten. Das konnte ich jetzt brauchen.

Hohe Offiziere, zur Pflege der »Public Relations« abkommandiert, standen auskunftsbereit herum. Nach dem zweiten Whisky wurde ich versöhnlich gestimmt.

Doch da stieg plötzlich siedendheiß der Verdacht in

mir auf, daß die Sicherheitsbeamten von SHAPE an Hand des Gruppenbildes inzwischen festgestellt hatten, daß einer zuviel an Bord war.
In diesem Augenblick sah mich aus zwanzig Meter Entfernung über die Lehrer und Führungskräfte hinweg ein deutscher Offizier scharf an und kam langsam auf mich zu. Höflich lächelnd fragte er: »Sind Sie nicht Herr Manfred Schmidt?« Ausgerechnet in dieser Woche war mein täuschend ähnliches Foto in der »Quick« erschienen. Und das hatte der Offizier in der Mittagspause betrachtet. Er lebte schon seit fünf Jahren mit Frau und Kindern in Paris, verstand witzig zu plaudern und hatte Sinn für die Komik der Fremdenführungen bei SHAPE. Dieser Offizier war ein großartiger Bursche. (Ich hoffe, die Feststellung schadet ihm nicht in der Karriere, weil sie aus meinem Munde kommt.)
Er fragte mich staunend: »Nun verraten Sie mal: Wie sind Sie hier hereingekommen?« Ich witterte meine Chance und antwortete: »Das verrate ich Ihnen, wenn Sie mir verraten, wie ich hier wieder herauskomme!«
Als alle Gruppen gegangen waren, brachte mein Beschützer mich hinaus, und ich durfte in einem olivgrünen Fahrzeug mit der Aufschrift SHAPE zum Etoile fahren. Der liebenswürdige Offizier verabschiedete sich mit den Worten: »Ich freue mich schon auf Ihre Reportage!«
Hoffentlich enttäusche ich ihn nicht. Er weiß, daß alle Zitate stimmen. Und ich weiß, daß dieser Offizier Humor hat. Es gibt also auch solche.

Das war das einzig Beruhigende, was ich aus dem Hauptquartier mitnahm.
Am Abend saß ich mit meinen sechs wiedergefundenen Kontaktreisenden, die den Nachmittag an der Seine verbracht hatten, vor einem Café. Die Hausfrau aus Hannover bedauerte allen Ernstes, daß sie SHAPE nicht erleben durfte. Obgleich ich ihr alles haarklein erzählte.
Die anderen Kontaktreisenden waren aber inzwischen vom Zauber der Seine-Stadt gefangen und pfiffen auf UNESCO, NATO und SHAPE. Die liebe kleine Verkäuferin aus Kiel verschwand mit dem wehrpflichtigen Jüngling im nächsten Jazzkeller. Hier hatte die Kontaktreise ihren Zweck erfüllt.
Auf dem Bürgersteig vor dem Café, das ausgerechnet »L'Espérance« hieß, spielte ein alter Straßengeiger für die deutschen Gäste »Lili Marleen«. Weil sich mit diesem Lied für mich unangenehme Erinnerungen verknüpfen, legte ich nichts auf den Teller, mit dem der Asphalt-Virtuose sammeln kam. Trotzdem wird er das Lied nicht von seinem Programm streichen, und auch NATO und SHAPE werden das uralte Lied ihres durch Tradition geheiligten militärischen Repertoires beibehalten.
Mit der Kontaktreise für politisch interessierte Menschen hatte ich einen ganz neuen Reisetyp kennengelernt. Viele politische Zusammenhänge waren mir dabei klargeworden, was mein Wohlbefinden allerdings kaum steigerte.
Abschließend möchte ich jedem raten: Reisen Sie unorganisiert, aber nicht ganz allein nach Paris. Am

besten bleiben Sie gleich ein ganzes Jahr, denn das braucht man mindestens, um alle Schönheiten dieser Stadt zu genießen. Diejenigen, die einen so langen Aufenthalt als reine Utopie bezeichnen, möchte ich darauf hinweisen, daß Tausende es schon geschafft haben: Sie besorgten sich einen Posten bei NATO, SHAPE oder UNESCO. Diese Körperschaften haben nämlich neben vielem anderen einen sehr vernünftigen Zweck: Ihren Mitarbeitern in der schönsten Stadt der Welt ein angenehmes Leben zu verschaffen. Und weil diese Organisationen, einem Naturgesetz folgend, ständig größer werden, gibt es für alle Leute mit Beziehungen eine reelle Chance.

Diese Reportage wurde im Jahre 1960 für eine große Illustrierte geschrieben. Alle Zitate sind, so unglaublich das klingen mag, Wort für Wort echt. Inzwischen hat sich einiges geändert, die billigen Kontaktreisen zur Hebung der Wehrfreudigkeit gibt es nicht mehr, aber die Denkweise und Diktion der hohen Militärs blieb weitgehend erhalten.

Liebeskniffe aus Paris

In keiner Stadt der Welt gibt es so viele Dienerinnen des Übersinnlichen wie in Paris. Man schätzt die Zahl der dort ansässigen Ratgeberinnen in Sachen Liebe auf über zweitausend, und der Preis für eine viertelstündige Konsultation schwankt zwischen 50 und 500 Mark. Ihr Arbeitswerkzeug sind fluoreszierende Glaskugeln, antike Spielkarten und der Bodensatz frisch aufgegossenen Bohnenkaffees. In den Pariser Sonntagszeitungen inserieren regelmäßig an die hundert solcher Liebeshelferinnen, die Amors Pfeil geschickt zu lenken wissen. In abkürzungsreichen Kleinanzeigen nennen sie meist nur ihre Vornamen und versprechen todsicheren Erfolg in der Liebe, gegebenenfalls auch die Erwirkung der Rückkehr verlorener Zuneigung (»retour d'affection«). Die wundertätigen Damen machen sich stark, jede vom Kunden begehrte Person mit übersinnlichen Mitteln schwach werden zu lassen.
Wie machen die das?
Ich habe die verlockendsten Adressen herausgepickt und abgeklappert, um das zu ergründen.
Mein erster Besuch galt »Madame Ida, sciences occultes, 15 Rue du Paradis«. Eine bessere Adresse kann es für eine Liebesberaterin wohl kaum geben. Ein Pappschild am Hauseingang wies darauf hin,

daß die okkulte Wissenschaftlerin ihre Sprechstunden im Büro 9 des 1. Stocks abhielt.
Über die knarrende Treppe des Uraltbaues gelangte ich in einen riesigen Raum, der durch mühsam zusammengehaltene Holzfaserplatten in zwanzig kleine, nach oben offene Büros aufgeteilt war. Die durch ein Meisterwerk der Miederindustrie ebenso mühsam zusammengehaltene Seherin empfing mich in ihrem mit schäbigen Büromöbeln und einem Telefon ausgestatteten Kabuff und hörte sich meine gut vorbereitete Geschichte einer zerbrochenen Liebe an.
Mit gramzerfurchtem Gesicht und leidgeprüfter Stimme fragte ich: »Was können Sie tun, damit mir die betreffende Dame wieder verfällt?« Schiefmäulig lächelnd schnarrte die Matrone: »Sehr viel! Aber dazu brauche ich ein Foto der Person!«
Geistesgegenwärtig zog ich ein nicht allzu neues Bild meiner legitimen Gattin, der magische Einwirkungen bestimmt nichts anhaben können, aus der Brieftasche.
Wie ein Eisbär wiegte Madame ihren Kopf sorgenvoll hin und her: »Das wird sehr schwierig sein und deshalb teuer ... die Dame ist für Sie einfach zu jung ... da ist natürlich ein anderer!«
Das »zu jung« traf mich ziemlich schmerzhaft. Ich fragte, mit welchem Verfahren Ida die Liebesrückgewinnung zu bewerkstelligen gedachte. Die Antwort möge sich der Leser an Hand eines Lexikons selber übersetzen: »Je travaille sur vous dans votre lit!«

Wenn es in einer Ehe nicht so recht klappen will, liegt es nach Meinung erfahrener und wahrsagender Matronen meistens nur daran, daß im Kopfkissen zwei Federn über Kreuz liegen, und das bringt Unglück. Man muß sie nur finden.

Ich erschauerte und ließ mir das im Detail erklären. Es geht folgendermaßen vor sich: Man vereinbart mit der Okkultistin (gegen angemessenes, dem Schwierigkeitsgrad entsprechendes Honorar) feste Nachtstunden, zu denen man im eigenen Bett konzentriert an das Ziel seiner Wünsche denkt. Gleichzeitig (und angeblich) sitzt viele Kilometer entfernt Madame vor ihrer magischen Glaskugel und denkt mit. Dadurch werden magnetische Ströme auf das Mädchen freigesetzt, das wiederum ganz woanders liegt. Die konzentrierten Richtstrahl-Gedankenströme lassen in der Fernliegenden die Liebe zum Auftraggeber neu erblühen.

Einfacher geht's wirklich nicht. Trotzdem verzichtete ich auf eine Eintragung im Nachtauftragsbüchlein Madame Idas. Der ziemlich naheliegende Gedanke, daß die Gute ihr Geld wahrscheinlich in einem tiefen und gesunden Schlaf verdient, nahm mir die Lust.

Mit meiner zu Herzen gehenden Geschichte verschmähter Liebe besuchte ich noch folgende Damen: Madame Francois (Rue Caumartin 71, Rückgebäude, bitte stark läuten), Madame Réjane (Boulevard de la Villette 136, sehr zu empfehlen, sie sah laut Inserat den Sohn der Prinzessin Beatrix voraus) und Madame Alagamma (Rue St. Honoré 148). Die Hoffnung, eine alte Hexe mit Kater auf der Schulter, Plüschmöbeln und Nippes anzutreffen, wurde immer wieder enttäuscht.

Die Damen sahen allesamt aus wie biedere Geschäftsfrauen, hatten neben sich ein Telefon und vor sich eine Kristallkugel, in der sie mein Liebesleben zu sehen behaupteten. Keine unterließ es, darauf hinzuweisen, daß die auf dem Foto dargestellte »Zielperson« zu jung für mich sei. Aber damit wollten sie wohl nur eine längere und damit kostspieligere Fernbehandlung herausschlagen, denn alle drei führten Mitdenkauftragsbücher.

Ich begnügte mich jeweils mit einer mittelfristigen

In ihrer magischen Glaskugel sieht die geübte französische Seherin angeblich ganz deutlich alle Damen, die dem Klienten demnächst ins Liebesleben treten werden. Oft sieht die »Voyeuse« weit mehr, als dem Ratsuchenden lieb ist. Über jede in Aussicht stehende Romanze werden detaillierteste Angaben gemacht, von denen sich später sehr oft einiges als sehr wahr herausstellt, z.B. »Die Dame wird Ihnen eine Szene machen« oder »Die Mutter ist dagegen«.

Liebeslebens-Prognose zu 50 Franc. Madame Francois sah für diesen Betrag in ihrer Glaskugel eine große Blonde heftig und schmerzhaft in mein Liebesleben treten, während sich in Madame Réjanes

Kugel eine kleine Dunkle ankündigte. Im kristallenen Hellsehgerät der Madame Alagamma drängten sich angeblich drei unscharfe Mädchen verschiedener Haarfarbe, was der Wahrheit wohl am nächsten kommen dürfte. In einem Punkt waren sich die Seherinnen alle einig: Sie rieten mir zu größter Vorsicht auf allen Gebieten und leisteten so einen wertvollen Beitrag zur Verkehrserziehung.

Mein nächster Weg führte mich zu Madame Jessica, die in ihrem Inserat als mandeläugige orientalische Schönheit abgebildet war. Als ich an ihrer Wohnungstür im hocheleganten, 12stöckigen Apartmenthaus Avenue du Maine 57 klingelte, öffnete eine stämmige, pferdezähnige, kleine Weibsperson: Jessica!

Sie führte mich durch eine todschicke Diele ins Sprechzimmer und gewann sofort mein Vertrauen, weil sie mich beim Vorzeigen des Mädchenfotos für nicht zu alt hielt. Die angebotene Fernbehandlung und die Prognose aus der Glaskugel lehnte ich dankend ab und bekam nun blumenreiche Ratschläge aus dem Reich der praktischen Magie.

Um die Liebe einer weiblichen (oder, im Bedarfsfalle, männlichen) Person zurückzugewinnen, braucht man nur folgendes zu tun:

1. Einen eigenen Blutstropfen, eine frische Taubenleber und die Hormone eines Hasen gut verrühren, das Ganze in einem silbernen Löffel über einer Kerze erhitzen, zu Pulver trocknen lassen und heimlich eine Messerspitze voll ins Essen der Zielperson mischen.

Auch die sprödeste Schöne ist spielend leicht zu erobern, wenn der bisher erfolglose Anbeter getrocknete Gräser über sie streut, die er bei Neumond an sieben in verschiedene Richtungen führenden Kreuzwegen pflückte. So steht es jedenfalls im »Liebesratgeber«, den Madame Jessica aus Paris verfaßte.

Mit diesem Rezept sollen schon seit tausend Jahren geradezu umwerfende Erfolge erzielt worden sein.

2. Die Hände mit Eisenkraut (Sisymbrium) einreiben und mehrmals täglich damit über das nackte Brustbein der begehrten Person streichen.

Ich glaube, daß sich wohl jeder Zauber erübrigt, wenn man bei einer Dame schon so weit gediehen ist, daß man da mit beiden Händen hinlangen darf.
3. Sich bei Neumond nackt im betauten Morgengras wälzen. Gegen diesen Vorschlag Madame Jessicas wagte ich einzuwenden, daß die Freiluftprozedur womöglich wildfremde Passantinnen in Liebe zu mir entbrennen lassen könnte. Die Magierin runzelte die Brauen und schien zu vermuten, daß ich nicht ganz ernst zu nehmen sei. Sie brach die Konsultation ab und verkaufte mir ein selbstverfaßtes Büchlein »Praktische Magie«. Mit dem branchenüblichen Rat zur Vorsicht auf allen Gebieten wurde ich aus der Luxuswohnung entlassen. Leser, die ihr Liebesleben magisch zu untermauern oder zu beleben wünschen, können das richtungweisende Werk für 15 Mark an der oben angegebenen Adresse bestellen. Damen, die ein Mittel zur Erhaltung der Treue ihres Mannes benötigen, finden dort den wertvollen Hinweis, ihm ein Glühwürmchen ins Essen zu mischen. Herren, die zu wünschen übrig lassen, soll man siebzig(!)mal über das Glas blasen, bevor sie trinken. Da dürfte so manchem der Durst vergehen. Der schmale, aber inhaltsschwere Liebesleitfaden enthält über hundert solcher praktischen Winke zwischen Tisch und Bett, aber der wichtigste Satz (mit dem Madame Jessica sich sehr geschickt rückversichert), steht am Schluß:
»Alle Magie zur Liebesweckung nützt nichts, wenn man nicht selber liebenswürdig ist.«
Na also!

Der mit Damenbesuchen so wohlausgefüllte Nachmittag neigte sich seinem Ende zu. Das letzte Inserat, dem ich nachgehen wollte, zeigte zwei in Geldscheinen wühlende Hände. Damit warb Madame Marthe Burger, Rue Richelieu 106, für ihre Methode, die das Angenehme mit dem Nützlichen verband: Erfolg in Liebe und Geschäft.

Ich drückte den Klingelknopf in der Hoffnung, endlich eine pittoreske Alte mit Kater auf der Schulter und Plüschmobiliar anzutreffen. Die Tür öffnete sich automatisch und gab den Blick frei auf ein riesiges Büro voller Schreib-, Rechen-, Kopier- und Adressiermaschinen, an denen fleißige Hände werkelten. Das einzige, was auf den Zweck des Unternehmens hinwies, war ein gerahmter männlicher Bodybuilding-Akt.

Eine blaubekittelte Empfangsdame mit Kneifer und Bulldoggengesicht fragte nach meinem Begehr. Verschüchtert äußerte ich den Wunsch nach Hilfe in einer Angelegenheit verschmähter Liebe. Ein verstehendes Lächeln huschte über das strenge Gesicht der Zerberussin, die mir schonend beibrachte, daß Madame Burger (sprich: »Bürschähr«) nicht mehr empfing. Die Pille wurde mir aber versüßt: »Sie können einen Prospekt unseres Hauses auf Deutsch mitnehmen, da steht alles drin!«

Die Liebeserfolgshändlerin griff zum Telefon und ließ aus dem Lager ein blaues Heftchen kommen. »Schreiben Sie uns!« sagte sie, »wir machen alles postalisch, unsere Kunden sind durchweg aufs höchste befriedigt!«

So (oder ähnlich) muß man sich die Anziehungskraft auf das andere Geschlecht vorstellen, die der zwischen Brust und Hemd zu

Darum ging es ja schließlich. Im gegenüberliegenden Café habe ich die Broschüre durchgeblättert, wobei eine aus gutem Grund eingelegte Zahlkarte herausfiel. Damit soll man nämlich 240 Deutsche Mark überweisen, um »vier luxuriös, elegant gebundene Hefte mit Marthe Burgers Übungsanweisun-

tragende »Pierre du Nord« seinem Träger verleiht. Mit Garantie der Herstellerfirma! (Annemasse, Route de Bonneville)

gen« zugeschickt zu bekommen. Inklusive »Neun Stiche, einen Stern, ein magisches Rad, eine Frauensilhouette, eine Katze, eine Eiche, einen Magneten, einen Spiegel und eine Männersilhouette darstellend.«

Die im Gemeinsamen Markt versandte Männer-

silhouette hätte ich gerne mal gesehen, aber die 240 Mark waren mir zu viel.
Ich nahm mir die Sonntagsnummer noch einmal vor und stieß auf ein halbseitiges Inserat, das für den glückbringenden, hochmagnetischen »Stein des Nordens« warb. Zu beziehen bei der Herstellerfirma »Pierre du Nord«, Annemasse, Route de Bonneville.
Der Stein kostet per Nachnahme runde hundert Mark und bietet den Vorteil, daß man ihn gegen Rückerstattung des vollen Betrages wieder einschikken kann, falls er binnen sechs Monaten nicht irgendwelches Glück brachte.
Daraufhin habe ich das Ding bestellt.
Eine Woche später brachte der Postbote das Nachnahmepäckchen, in dem sich ein Kunststoffbehälter befand, der auf rosa Watte den stecknadelkopfgroßen »Stein des Nordens« barg, montiert auf eine Blechscheibe vom Format eines Groschens, der ungefähr dem Herstellungswert des Hundert-Mark-Glücksbringers entsprach.
Eine beigefügte Druckschrift empfahl, den das Liebes- und Geschäftsglück magnetisch anziehenden Stein auf der Brust zu tragen. Dann fliegen einem Frauen respektive Männer nur so zu, und die dadurch erfahrungsgemäß entstehenden Kosten werden durch gleichzeitig eintreffende Finanzerfolge mehr als gedeckt.
Sagt der Prospekt.
Die wichtigste Eigenschaft des Steins wurde nur in einem Nebensatz erwähnt: Er macht den Träger unverwundbar gegen schädliche Strahlungen. Das

Atom-Ei des Kolumbus! Ich habe das Luftschutz-Amulett zur Ansicht und Erprobung an das für äußere Einwirkungen zuständige Innenministerium weitergeleitet.
Unsere Minister glauben ja an die seltsamsten Sachen und reden sich gerne auf überirdische Einflüsse heraus. Hohe Staatsdiener gehören, wenn man den Gerüchten glauben darf, zu den Stammkunden der Hellseherinnen. Wo sollten sie auch sonst etwas erfahren? Und der Erfolg gibt ihnen recht.

*

Der mehr oder weniger geneigte Leser hat nun hoffentlich eine kleine Übersicht, wie und wo er sich beim nächsten Besuch in Paris nützlichen Rat in Liebesdingen holen kann.

Antike – Nur für Herren?

Unter sengender Sonne und auf siedenden Sohlen traben täglich Tausende von Touristen durch die geschichtsträchtigen Trümmer von Pompeji. Wenn sie dann in die Heimat zurückkehren, berichten die männlichen Reisenden kichernd und hinter vorgehaltener Hand von angeblich ungeheuer pikanten Bildwerken. Die mitgeführten Damen dagegen erzählen entrüstet, daß ihnen von sittenstrengen Wächtern der Zugang zu gewissen Sehenswürdigkeiten verwehrt wurde. Warum? Um das zu klären, machte ich mich auf zu den Hängen des Vesuv.

*

Das Unheil, das im Jahre des Heils 79 n. Chr. über Pompeji hereinbrach, ist allgemein bekannt: Angesichts der dort herrschenden losen Sitten kam dem benachbarten Vesuv die Lava hoch. So behaupten es jedenfalls fromme Historienschreiber. Ein zweitägiger Aschenregen bedeckte die lebenslustige Stadt mit einer acht Meter dicken Staubschicht, so daß auch die fleißigsten Hausfrauen mit dem Wischtuch nicht mehr nachkommen konnten. Wer nicht rechtzeitig entwischte, regnete ein und wurde unter Lapillis (so nennt man die sandkorngroßen Steinteilchen) begraben und tadellos konserviert. Was nach der Katastrophe noch aus der Staub- und Lapillischicht herausragte, transportierten antike Bauunternehmer in den folgenden Jahrzehnten ab, um es anderswo zu verwenden. Dann wuchs im wahrsten Sinne des Wortes Gras über die Geschichte, von dem streunende Ziegen sich recht und schlecht ernährten. Pompeji wurde total vergessen. Erst eintausendachthundert Jahre später fiel es einigen Archäologen bei scharfem Nachdenken wieder ein. Sie buddelten die einst so blühende Stadt wieder aus und brachten damit das Wissen um die Antike, aber auch den Fremdenverkehr zum Blühen. Täglich werden im nahen Neapel viele vollbesetzte Touristenbusse in genau kalkulierten Abständen abgelassen, um eine rationelle Nutzung der Reste zu gewährleisten. Hinzu kommen die vielen Autoreisenden, die den kleinen, aber lohnenden Umweg nicht scheuen. Als ich am frühen Vormittag am Ausgrabungsgelände anrollte, wies mich ein dienstbemützter Pompejaner in eine Parklücke ein. Er verlangte eine stark überhöhte Gebühr, die mir aber zurückerstattet werden sollte, falls ich mein Mittagessen im danebenliegenden Ristorante einnähme. Ein kompliziertes Verfahren, das sich aber anscheinend bewährt hat.

Als ich den Parkverrechnungsscheck einsteckte, trat ein schwarzgelockter, glutäugiger Nachkomme Cäsars dicht an mich heran und flüsterte: »Wollen Sie Schweinbilder?« Geniert lehnte ich ab, denn unmittelbar neben mir stieg eine deutsche Vollfamilie mit zwei halbwüchsigen Kindern aus ihrem Wagen.

Unsere Nummernschilder begannen mit dem gleichen Ortsbuchstaben, was in der Fremde bekanntlich zu rührenden Szenen hart an der Grenze des gegenseitigen Umarmens führt.
Gemeinsam schritten wir zum Eingang des von einem pompösen, kilometerlangen Eisengitter eingezäunten Pompeji und kauften Eintrittskarten, von deren Erlös wohl die Unkosten für das Gitter gedeckt werden.
Ein konzessionierter Fremdenführer vom Aussehen des listenreichen Odysseus nahm uns in seine Obhut und erkundigte sich zunächst nach dem Alter der Kinder. Gerührt von soviel menschlichem Interesse gab die Mutter es mit vierzehn für die Tochter und fünfzehn für den Sohn an. Auf der Stirn des Cicerone bildeten sich Sorgenfalten, er sagte »Na ja ...«, erzählte die oben bereits angeführte Geschichte Pompejis in etwas gewählteren Worten und führte uns ins »Antiquarium«. Dort werden nicht etwa antike Fische gezeigt, sondern alle möglichen Funde, die man in den ausgegrabenen Häusern machte.
Ein zweitausend Jahre altes Brot, einige gleichaltrige Rosinen und ein Schüsselchen mit echt antiken Eierschalen ließen das klassische Altertum vor unseren Augen erstehen. Von der Sorgfalt der Archäologen legten drei liebevoll numerierte Häuser von Weinbergschnecken beredtes Zeugnis ab.
In einer Vitrine mit pompejanischen Gebrauchsgegenständen lag etwas, das wir alle sofort als vorchristlichen Büstenhalter identifizierten. Man be-

lehrte uns aber eines Besseren: Es handelte sich um einen Augenschutz für Pferde.
Nach eingehender Besichtigung von zahnärztlichen Geräten, die sich von den heute üblichen kaum unterscheiden, gelangten wir in einen von fröhlichem Lachen erfüllten Raum. Da stand eine Reisegesellschaft um eine am Boden liegende, seinerzeit vom Aschenregen überraschte und formtreu erhaltene Pompejanerin herum. Ein Witzbold hatte gerade geäußert, daß die Dame sich wohl etwas mehr angezogen hätte, wenn sie ihre posthume Zukunft als Fremdenverkehrsattraktion geahnt hätte. Aber wer konnte das voraussehen?
Beim nächsten Schaustück erstarb den Leuten das Gelächter allerdings auf den Lippen, und so manches Touristenauge wurde feucht: Da lag an einer Kette der Hund des Vesonius Primus, den sein flüchtender Besitzer an die Villa gefesselt zurückgelassen hatte. Die heftigen Verwünschungen, die hier alltäglich von tierlieben Reisenden gegen jenen herzlosen Hundeherren ausgestoßen werden, dürften ihn inzwischen wohl kaltlassen.
Vor einem großen Glasschrank mit kunstgewerblichen Gegenständen lenkte unser Führer die Blicke der Kinder sehr geschickt zu einem antiken Angelgerät ab und wies uns Erwachsene augenzwinkernd auf die Bronzefigur eines nackten und sehr stilisierten Tänzers hin, der als Lampenständer diente. Der trefflich gebaute Schüler Terpsichores trug die Öllampe nicht mit den Händen, sondern auf wirklich überraschende, ganz andere Art. Nicht etwa der An-

Die Ruinen von Pompeji bieten für Erinnerungsfotos viele Hinter grund-Motive von klassischer Schönheit. Kein Tourist läßt sich die Gelegenheit entgehen, auf einem der zahlreichen leerstehen-

den Postamente als Statue zu posieren und in würdiger Haltung seine Verbundenheit mit der Antike zu beweisen. Weniger würdig ist die Haltung der durchs Schußfeld schleichenden Besucher.

stand, sondern die Sorge um den Fremdenverkehr verbietet mir, Details zu verraten. Fahren Sie hin, Sie werden es nicht bereuen.

Nun ging es hinaus zum Forum, zur Basilika, zu den Tempeln des Jupiter und des Apoll. Der redegewandte Betreuer führte uns unter sparsamer Verwendung von wissenschaftlichen Ausdrücken wie »phallische Symbole« und »dorische Stil-Elemente« in die Kunstgeschichte der Antike ein, aber keiner von uns hatte ein Lexikon bei sich. Der Führer wußte natürlich ganz genau, daß es dem modernen Touristen völlig piepe ist, ob eine Säule korinthisch, dorisch oder ionisch gen Himmel ragt und kam deshalb sehr bald auf das rein Menschliche jener Zeit zu sprechen. Wir wurden belehrt, daß damals nicht so sehr die weibliche als vielmehr die ganz spezielle männliche Schönheit stark herausgestellt wurde, unserem heutigen Busenkult durchaus vergleichbar.

Unsicheren Schrittes hatschten wir über das holprige Originalpflaster, auf dem einst togatragende Pompejaner würdevoll dahinschritten, öffentliche Dinge und die damals schon steigenden Preise lateinisch diskutierend.

An einem Pflasterstein, in den eine stark vereinfachte symbolische Darstellung eingemeißelt war, ließ der Cicerone uns anhalten. Er sagte den Kindern, daß es gleich um die Ecke Eis gäbe, worauf sie raketenartig entschwanden. Und dann verriet er uns, dieses Symbol sei auf eine schräg gegenüberliegende, seit zweitausend Jahren vorübergehend geschlossene Taverne gerichtet, die Damenbedienung im wei-

testen Sinne bot. Der Wegweiser, der sich in der Antike für manchen Fremden als sehr nützlich erwies, traf mit seiner Zweckform genau ins Schwarze. Jeder Pompejibesucher wird es bezeugen.
Eiswaffeln lutschend kamen die Kinder zurück. Wir gingen hinüber zu den Resten der Taverne und lauschten den Erläuterungen unseres lokalen Kenners: »Die in Tontafeln geritzte Speisekarte des Lokals ist heute noch erhalten. Sie führt unter anderem gedämpfte Flamingozungen und gebratene Pfauen auf, aber auch die Namen der Damen, mit denen man sich – hm-hm – im ersten Stock unterhalten konnte. Sie hießen Aglae, Julia und Asellina.«
Diese Auskunft schien unserem Fünfzehnjährigen nicht zu genügen. Er fragte im besten Fernseh-Quiz-Deutsch: »Könnte man das Haus im weitesten Sinne mit demselben Wort umschreiben, mit dem man im Deutschen ein orientalisches Sitzkissen bezeichnet?« Es dauerte eine Weile, bis wir den feinen Humor begriffen, aber dann dankte fröhliches Gelächter dem aufgeweckten Knaben.
Der humanistisch gebildete Führer übersetzte uns, die wir mit unserem Latein längst am Ende waren, die gut erhaltenen Inschriften an den Mauerwänden. Da gab es saftige Kritzeleien antiker Witzbolde, aber auch rührende Zeugnisse tiefer Gläubigkeit wie den Schriftzug: »Der Blitz Jupiters möge den treffen, der diese Wand beschmutzt!« Mit dem neuzeitlichen und poesielosen »Vietato urinare« wohl kaum zu vergleichen. Neben der Warnung vor Jupiters Donnerkeil war ein primitiver Wahlslogan auf die Wand

gemalt, der einen gewissen Jucundus als unbestechlich pries, was inzwischen tatsächlich zutrifft.
Durch enge Gassen, deren eintöniges Grau belebt wurde von vielen knallbunten, weggeworfenen Rollfilmpackungen, gelangten wir zu den Thermen. Die prächtig ausgeschmückte Badeanstalt erfüllte im Altertum die Aufgabe der politischen Lobby. In mehrsitzigen Wannen wurden lukrative Geschäfte getätigt. Wenn zum Beispiel ein Waffenhändler befürchtete, daß sein Auftrag baden ging, ging er mit dem zuständigen Beamten baden, seifte ihn ein und verkaufte dabei einen Posten spanischer Schwerter, die bei Gebrauch womöglich abknickten. Die feuchte Lobby funktionierte wie geschmiert, denn man hatte schon damals eine Demokratie und sogar ein vereintes Europa.
Andächtig standen wir vor dem Mauerloch, durch das man seine meterlange Toga ins »Pressorium« gab und sie eine Stunde später gewaschen und gebügelt zurückbekam. Das gelingt den Kunden moderner Schnellwaschanstalten nicht einmal mit einem kurzen Hemd.
Und weiter ging's zum Amphitheater, wo die strapazierten Pompeji-Pilger sich endlich mal hinsetzen konnten, um die Füße abdampfen und die Phantasie beflügeln zu lassen. Dazu trugen die vom Fachmann vorgetragenen historischen Tatsachen beträchtlich bei: Wenn damals nämlich in einem Schauspiel ein Mord vorkam, wurde hier an Gala-Abenden die betreffende Rolle mit einem zum Tode verurteilten Missetäter besetzt, der dann auf offener Bühne

lebensecht umgebracht wurde. Das war noch unverfälschtes Theater! Von den Gladiatorenspielen gar nicht zu reden, bei denen es stets einige beifallumrauschte Abgänge ins Jenseits gab.
Nach dem so überaus anregenden Theaterbesuch schritten wir dem Höhepunkt eines jeden Pompeji-Rundgangs entgegen: Zur fast unbeschädigt erhaltenen Prunkvilla zweier antiker Playboys. Die Brüder Vetti, schwerreiche Junggesellen, müssen es ziemlich toll getrieben haben. Unser geplagter Cicerone führte einen wahren geistigen Eiertanz auf, um sein delikates Wissen halbwegs jugendfrei vorzutragen. Zu gern hätten sich hier die Eltern ihrer Kinder entledigt.
Durch eine kleine Hintertür betraten wir das pompöse Liebesnest. Der Haupteingang dient heute aus fremdenverkehrstechnischen Gründen als Ausgang, denn er birgt die Krönung aller Sehenswürdigkeiten. Um einen mit suggestiven Statuen bestückten Säulenhof herum lagen die Mehrzweckgemächer der sinnenfrohen Brüder. Vor den farbenprächtigen Fresken mit Szenen aus der ebenfalls nicht gerade prüden Mythologie bekamen wir die dazugehörigen Legenden erzählt. Unter anderem die Geschichte von einer Kuh, in die eine hochstehende Dame eingenäht wurde, die daraufhin später einem kleinen Stier das Leben schenkte, der dann wiederum ... also es war eine sehr krause Geschichte, die uns in der antiken Götterwelt nicht allzu bewanderten Pompeji-Wanderern viele Rätsel aufgab. Immer wieder sah ich männliche Touristen den zuständigen Be-

treuer auf die Seite ziehen, um brennenden Wissensdurst heimlich zu stillen.
Die Fresko-Bildgeschichten wie Comic-Strips genießend, zogen wir an den symbolträchtigen Kunstwerken vorbei und landeten im Küchenhof, wo man uns die Vorteile der Sklavenhaltung überzeugend schilderte. Da wurde meine Aufmerksamkeit von einer seltsamen Szene abgelenkt, die sich im Hintergrund an einer kleinen Tür abspielte, vor der ein Wärter Posten stand. Ein älteres US-Ehepaar mit Fremdenführer trat auf den Kustoden zu, der nach kurzer Verhandlung einen Schlüssel aus der Tasche zog, die beiden einließ und das Türchen hinter ihnen schloß. Dann teilte er mit dem Fremdenführer eine Zigarette.
Zwei Minuten später kamen die transatlantischen Gäste wieder heraus, die Dame mit pompejanischrotem Kopf und verschämtem Blick, der Herr geniert, aber wissend grinsend. Der Wärter bekam ein dickes Trinkgeld und schloß die Tür wieder ab.
Das ließ mir natürlich keine Ruhe. Als mein Trupp um die nächste Ecke marschierte, splitterte ich ab und ließ mir die geheimnisvolle Pforte nach Hingabe eines größeren Lire-Scheines öffnen.
Die Tür fiel hinter mir zu, ich stand in einem engen, nur schwach erhellten Kämmerchen vor zwei künstlerisch hochstehenden Bildwerken und sah ... nein, ich werde es nicht verraten. Die Rücksicht auf die emsig sprudelnde Trinkgeldquelle des Wärters, von der wahrscheinlich eine vielköpfige Familie leben muß, läßt mich schweigen.

Als ich rauskam, war gerade Schichtwechsel. Ein neuer Sittenwächter übernahm den Schlüssel und den lohnenden Posten. (Kenner italienischer Verhältnisse behaupten, daß die Pompeji-Wärter kein Gehalt, sondern statt dessen in regelmäßigem Turnus den Schlüssel zu einer der pikanten Sehenswürdigkeiten bekommen. Eine Art der Beamtenbesoldung, die sich unsere Staatsführung mal durch den Kopf gehen lassen sollte.)

Im Vestibül der Villa fand ich wieder Anschluß an meine Gruppe und kam gerade zurecht, um die im Fremdenverkehr wohl einmalige zwangsweise Trennung der Touristenhaufen nach Alter und Geschlecht mitzuerleben. Nur volljährige männliche Besucher durften die Schwelle zum Vorraum überschreiten.

Wir nur durch einen Zufall der Natur Bevorrechtigten standen vor einem hoch an der Wand hängenden Schränkchen, zu dem ein Wärter hinaufstieg.

Das Schranktürchen wurde mit einem Schlüssel geöffnet und gab den Blick frei auf eine angeblich zweitausend Jahre alte Malerei, der eine gewisse, in der Übertreibung liegende Komik nicht abzusprechen war. Von einer detaillierten Beschreibung des Gemäldes möchte ich aus den bereits angeführten Gründen absehen. Das Bild war in den Farben so leuchtend frisch, als sei es erst gestern gemalt. Man darf wohl annehmen, daß ein neuzeitlicher Pinsel die so sorgsam gehütete Attraktion aufmöbelte.

Die Betrachtung des Meisterwerkes wurde etwas gestört, weil eine resolute Dame unter dem Vorwand, ihr sei nichts Männliches mehr fremd, den Kordon der abschirmenden Wärter zu durchbrechen suchte. Der Angriff wurde erfolgreich abgewehrt.

Nachdem wir uns alle sattgesehen hatten, klappte der Wärter den Schrank wieder zu. Frauen und Kinder durften in den Vorraum zu ihren Ernährern strömen und mit ihnen gemeinsam die Villa verlassen. Im Abtraben warfen sie durchbohrende Blicke auf das geheimnisvolle Kästchen oben an der Wand.

Draußen verabschiedete sich unser Cicerone, mit seinem Leibe geschickt das Schild verdeckend: »Es ist den Wärtern verboten, Trinkgelder zu nehmen.«

Für Gesprächsstoff war bei den Gruppen, die sich jetzt in Richtung auf die Espresso-Bar bewegten, reichlich gesorgt. Die Damen empörten sich über die Bevormundung durch die Museumsverwaltung. Sie sahen darin einen hinterhältigen Angriff auf die Gleichberechtigung der Frau und gelobten, auf irgendeine Art doch noch das Geheimnis aus ihren listig lächelnden Männern herauszuzerren, die sich vorläufig nur in Andeutungen ergingen.

Über der Bar hing ein Schild, das ich hier buchstabengetreu wiedergebe: »für etwaige Beschwerden bitten wir sich an die leitung der Ausgrabungen zu Wenden!« Einige Damen hatten nicht übel Lust, dort ihre Beschwerden bezüglich der Geschlechtertrennung beim Kunstgenuß vorzubringen. Aber die Omnibusse warteten. Der genau kalkulierte Zeitplan der Gesellschaftsreisen dürfte den zuständigen Stellen sehr viel Ärger ersparen.

Die Zeit reichte knapp, um noch am Andenkenstand

Frauen und Kinder müssen zurückbleiben, wenn im Vorraum der pompejanischen Vetti-Villa das Schränkchen mit einer ganz speziellen Sehenswürdigkeit »nur für Herren« geöffnet wird. Die Damen dürfen sich aber aus sicherer Entfernung am Mienenspiel ihrer Lebensgefährten erfreuen.

schnell ein echt pompejanisches Öllämpchen zu erstehen (von Fachleuten geschätzter Verkauf: drei Millionen Stück in den letzten zehn Jahren), oder einen kleinen Bronze-Faun. Aber auch die zeitgenössischen Kacheln »Gebet eines Hundes« und »Zwölf Stationen der Ehe« fanden zufriedenstellenden Absatz.

Auf dem Parkplatz machten ambulante Händler gute Geschäfte mit diskret unter der Jacke angebotenen Reproduktionen der nichtöffentlichen Kunstwerke. Treusorgende Männer erwarben sie still und heimlich als kleine Abendüberraschung für die so schmählich um den Kunstgenuß betrogene Lebens- oder Reisegefährtin.

*

Abends in Neapel ließ ich an wohlgedecktem Tisch mit Blick auf Meer und Vesuv »den Tag in mir nachwirken«, wie es so schön heißt. Die Speisekarte des hauptsächlich von Engländern frequentierten Freiluftrestaurants empfahl »Spaghetti à la Christine Keeler«. Die habe ich natürlich sofort bestellt. Sie sind extra scharf, mit gefüllten Oliven angerichtet und besonders leicht um die Gabel zu wickeln.
Der Vollmond schien, die Silhouette des einst feuerspeienden Berges hob sich vom sternenklaren Nachthimmel ab, aber das alte Sprichwort »Neapel sehen und dann sterben« drückte etwas auf mein Gemüt. Ich hob mein Glas mit »Lacrimae Christi«, dem schweren Wein von den Hängen des Vulkans, um es auf den nächsten Ausbruch zu leeren. Da begann der Boden unter meinen Füßen zu zittern, ein feiner Regen glühender Asche ging auf mein Glas nieder ... was war das?
Es waren ein vorbeidonnernder Lastwagen und ein Engländer, der an der Balkonbrüstung im ersten Stock seine Pfeife ausklopfte. Beruhigt trank ich dem Vesuv zu, dem ich diesen schönen Tag verdankte.

Zwischen Hofbräuhaus und Harem. Der Orient-Express

Es gibt ihn immer noch, den legendären »Orient-Expreß« von Paris nach Istanbul. Einst war er der feudalste Eisenbahnzug des Kontinents und ging als Schauplatz spannungsgeladener Spionage-Romane in Literatur und Film ein. In seinem luxuriösen Speisewagen, auf den teppichbelegten Gängen und in den schwellenden Polstern der mahagoni-getäfelten Schlafabteile spannen, wenn man den Berichten glauben darf, schöne Spioninnen ihre Fäden zu den im Zug stets reichlich vertretenen Geheimnisträgern des gehobenen diplomatischen Dienstes. Waffenhändler, inkognito reisende Monarchen und die Könige der internationalen Hotel- und Taschendiebe schlürften im Orient-Expreß Champagner und löffelten Kaviar.

Als das Gerücht umging, der Orient-Expreß solle in Anbetracht des Düsen-Zeitalters eingestellt werden, konnte ich der Versuchung nicht widerstehen, einmal mit ihm zu fahren und gleichzeitig Abschied zu nehmen vom berühmtesten Zug der europäischen Eisenbahngeschichte.

Als ich mich inmitten eines Pulks heimkehrender türkischer Gastarbeiter durch die Sperre des Münchner Hauptbahnhofes schob, dröhnte aus den Bahnsteiglautsprechern die Durchsage: »Bitte sofort ein Schlosser nach Gleis 15!« Wenige Sekunden später: »Sofort ein Elektriker nach Gleis 15!« Und gleich darauf als logischer Abschluß: »Ein Aufsichtsbeamter zum Gleis 15!«

Auf Gleis 15 stand nämlich der Orient-Expreß, dem die europäischen Staatsbahnen nicht gerade ihr bestes rollendes Material anvertrauen, und dafür haben sie ihre Gründe. Zwischen grauen, drittklassigen Waggons 2. Klasse französischer, bundesdeutscher, jugoslawischer, bulgarischer und rumänischer Provenienz prangte ein himmelblauer Schlafwagen mit dem von goldenen Löwen gehaltenen Wappen der »Compagnie internationale des wagons-lits«. An seiner Unterseite tropfte er bedenklich und ließ den maroden Treibriemen der antiken Lichtmaschine lustlos und stark beschädigt auf die Schienen hängen.

Mit gemischten Gefühlen bestieg ich den Waggon, der seine Glanzzeit noch vor dem Ersten Weltkrieg erlebt haben mochte. Der fast ebenso alte Schlafwagenschaffner führte mich zu meinem Abteil, an dessen Tür ein Schild in vier Sprachen darauf aufmerksam machte, daß die »Compagnie internationale« für Diebstähle nicht aufkommt. Das ist kein feiner Zug.

Während unter meinem Bett bzw. unter dem Waggon und den Augen des Aufsichtsbeamten ein Schlosser, ein Elektriker und ein Achsenklopfer sich an der Lichtmaschine zu schaffen machten und verschiedene Diagnosen stellten, stürmten Gastarbeiter aller Balkan-Nationen die benachbarten Waggons letzter Klasse. Jeder Heimkehrer schleppte außer zwei riesigen, von Bindfäden mühsam zusammengehaltenen Koffern noch mindestens ein Dutzend Bündel, Einkaufsnetze und Plastik-Tragetaschen, deren grellbunte Werbe-Aufdrucke weit hinten in der Türkei zum Besuch westdeutscher Kaufhäuser auffordern sollten.

Kurz vor der Abfahrt gab es auf dem Bahnsteig Tränen, Umarmungen und Küsse, die allerdings vornehmlich unter Männern ausgetauscht wurden. Nur einige wenige zurückbleibende Mädchen brachten ihre schwarzgelockte Balkan-Romanze zum Zug und wurden aus dem Abteilfenster noch kurz mit einem Heiratsversprechen bedacht.

Scheppernd rollte der heruntergekommene Luxuszug früherer Generationen aus der Halle. Ich trat hinaus auf den Gang, um meine Schlafwagen-Mitreisenden ins Auge zu fassen. Der Gang war leer, die Türen aller Abteile geschlossen. Hatten sich dort Staatsgeheimnisträger und schöne Spioninnen bereits zurückgezogen? Meiner Phantasie waren keine Grenzen gesetzt, ich hoffte auf eine angenehme Überraschung beim späteren Diner im Speisewagen.

Die Überraschung kam auch und bestand darin, daß der Orient-Expreß gar keinen Speisewagen mitführt, obgleich er zwei Tage und zwei Nächte bis Istanbul unterwegs ist. Auch zu trinken gab es nichts, wie mir der Schlafwagenschaffner schonend beibrachte. Man muß sich auf den Bahnhöfen selbst versorgen.

Von Hunger und Durst getrieben, sprang ich in Salzburg aus dem Zug, spurtete zum Erfrischungsstand und befand mich bereits mitten auf dem Balkan, soweit es das Volksleben betraf: Die Speisen- und Getränkequelle war dicht umdrängt von Griechen, Jugoslawen, Bulgaren und Türken, die in der Mozartstadt einen Job gefunden hatten und ihre Freizeit in der Bahnhofshalle gestalteten.
Ich erstand einige belegte Brötchen, zwei harte Eier sowie eine Flasche Kalterer See und ließ mich dann zum Abendessen auf der Bettkante meines Abteils nieder.
Die Brötchen waren knochentrocken und hatten schon mehrere bessere Tage gesehen, zu den Eiern fehlte das Salz, und der Rotwein schmeckte kräftig nach dem Korken. Weniger konnte man kaum verlangen. Im Zug auf dem Nebengleis sang eine Klasse englischer Schulmädchen aus unerfindlichen Gründen »God save the Queen«.
Einige Kilometer hinter Salzburg tauchte das erste Schild auf, das die Nähe des Balkans ankündigte: »Molkerei Basil Weixler«. Da muß wohl in den Türkenkriegen ein Muselmann mit dem Vornamen Basil in der Milchwirtschaft hängen geblieben sein.
Bei meinem Abendspaziergang durch die Gänge der 2. Klasse wurde ich mehrmals von Tunneln überrascht, die ohne Einschaltung der Innenbeleuchtung durchfahren wurden. Da der Expreß seit der Jahrhundertwende den inoffiziellen Beinamen »Zug der Taschendiebe« führt, preßte ich jedesmal beide Hände fest auf die Brieftasche.

In den Abteilen saßen dichtgedrängt und von Unmengen Gepäck eingekeilt die heimkehrenden Gastarbeiter. Sie dinierten aus Tragetaschen eines renommierten Münchner Feinkosthauses: Gemischte Vorspeisen, kaltes Huhn, Kassler Rippchen, diverse Käse, Obst, knuspriges Stangenweißbrot, Slibowitz, Rotwein.

Wehmütige Weisen aus einer Hirtenflöte verbreiteten eine echt orientalische Atmosphäre. Es fehlte eigentlich nur noch, daß auf dem Boden ein Feuer entzündet und Hammelfleisch am Spieß gebraten wurde. Aber dem stand das bis auf die Gänge hinauswuchernde Gepäck im Wege, darunter Kühlschränke und Fernsehgeräte.

Neidvoll kehrte ich in mein Luxusabteil zurück und legte mich hungrig bei Elsbethen schlafen. (Das ist nicht etwa Berlinisch, sondern ein österreichischer Ortsname.) Der Schaffner hatte mir mitgeteilt, daß um Mitternacht an der jugoslawischen Grenze alles geweckt wird, nur die Deutschen dürfen weiterschlafen. Nach dieser geradezu symbolhaften Information löschte ich das Licht und träumte dann, eine schöne Spionin käme herein und wollte mir ein Staatsgeheimnis abschmeicheln. Da klopfte es heftig an die Tür. Schlaftrunken schob ich den Riegel zurück, ein niedliches Mädchen im Nachtgewand schlüpfte herein, wollte zu mir ins Bett und fragte: »Bist du mein Pappi?« So was hört niemand gern.

Aber da kam auch schon die aufgeregte Mutter aus dem Nebenabteil und holte die Vierjährige unter Entschuldigungen zurück. Meine Nachbarin fuhr zweifelsohne in die Türkei, um dort den Vater ihres Kindes aufzusuchen oder auch nur zu suchen. Der letztere Reisegrund soll ziemlich häufig sein und den Orient-Expreß erst rentabel machen.

Der Schlafwagen mit der großen Vergangenheit ratterte, schlingerte und schepperte durch die Nacht. Aus vielen Ritzen pfiff melodisch der Fahrtwind sein durch die Bettdecke dringendes, garstig kaltes Lied.

Am frühen Morgen weckte mich ein weicher, satter Orgelakkord, denn die jugoslawischen Lokomotiven stoßen keine Pfiffe aus, sondern machen sich durch ein nervenschonendes Dreiklanghorn bemerkbar. Das paßte sehr gut zu der Idylle, die draußen am Fenster vorbeizog: Balkandörfer mit niedrigen, buntgestrichenen Häusern an Lehmwegen, in deren Furchen von schmalbrüstigen Pferden gezogene Panje-Wägelchen zottelten, Gänse promenierten und stämmige Bäuerinnen Wasser vom Ziehbrunnen heimwärts schleppten.

Um zu einem Frühstück zu kommen, stieg ich in Belgrad aus und überschlug einen Orient-Expreß, der ja alle vierundzwanzig Stunden zur gleichen Zeit vorbeikommt.

Der Bahnhof sah wüst und abbruchreif aus. Später erfuhr ich, daß ein neuer an anderer Stelle bereits im Bau ist und man den Abbruch des alten Gebäudes einfach dem Zahn der Zeit überläßt, der die Aufgabe bereits zur Hälfte erledigt hat.

Mein erster Eindruck beim Verlassen des Bahnhofs: Hier wird gerade mit großem Komparsenaufwand ein Flüchtlingsfilm gedreht. Mit Sack und Pack la-

gerten auf dem Straßenpflaster malerische Gruppen von Bäuerinnen in bunten Pluderhosen und bärtige Männer mit Lammfellmützen. Es fand jedoch keine Dreharbeit statt, sondern echtes Volksleben.
Im Touristenbüro »Partisan« bekam ich von einer stämmigen Balkanschönheit mit knackfesten Rundungen einen deutschsprachigen Stadtplan, dem der Satz vorangestellt war: »Belgrad wünscht Ihnen, daß Sie sich vergnügt auf seinen langen Straßen und breiten Plätzen ermüden!«
Ich bat die junge Dame, mir den Satz zu erläutern, aber sie lächelte nur geheimnisvoll.
Ich machte mich auf zur vergnügten Ermüdung.
In Belgrads Innenstadt war von dem, was wir Westler uns unter Kommunismus vorzustellen haben, nur wenig zu merken. Die einzige Not, die überall auf den Straßen deutlich sichtbar wird, ist die Parkplatznot. Die Schaufenster sind genausovoll wie bei uns, der Unterschied liegt nur in den Preisen: Das Lebensnotwendige ist um die Hälfte billiger, aber alles, was man nicht unbedingt braucht, dreimal so teuer.
An den Zeitungskiosken sind die bundesdeutschen Illustrierten vollzählig vertreten. Die westliche Sexwelle ist in den Osten übergeschwappt, und die Ur-Angst vor plötzlichem Dickerwerden wird von vielen Kleinstunternehmern genutzt, die an den Straßenecken hinter Personenwaagen sitzen und durch Lockrufe zur Gewichtskontrolle anregen.
Die allerkleinsten Unternehmer lernte ich auf einer der vielen Kaffeehausterrassen kennen: Noch nicht schulpflichtige Kinder boten aus Aktentaschen oder

An fast jeder Straßenecke Belgrads stehen blaue Pfeile mit der Aufschrift »Jedno Smirno«, obgleich ein solcher Ort auf keiner

Pappschachteln selbstgedrehte Papiertütchen an, die jeweils fünf bis sechs Erdnüsse enthielten. Ein schönes Beispiel von Privatinitiative.

Als ich die breite Steintreppe hinunterging, die von der hochgelegenen Innenstadt zum kribbelnden und krabbelnden Wochenmarkt führt, durchfuhr es

Straßenkarte verzeichnet ist. Das »Jedno Smirno« bedeutet nämlich »Einbahnstraße«.

mich eisig: Da war mitten zwischen den Buden und Ständen ein Chirurgen-Team auf offener Straße tätig. In weißen Operationskitteln und ebensolchen Kappen schnitten die Ärzte, über einen Tisch gebeugt, mit großen Messern an etwas herum.
War hier ein Unfall passiert, der sofortiges chirurgi-

sches Eingreifen erforderte? Bei näherem Hinsehen atmete ich erleichtert auf: Hier wurden große Blöcke des berühmten Schafkäses nach Titos strengen Hygiene-Vorschriften zerschnitten und verkauft.
Auf den Treppenstufen saßen Gestalten, wie man sie in einem kommunistischen Lande kaum erwartet: Original-Hippies, langhaarig, bärtig und Guitarren zupfend. Sie sprachen lupenreines Sächsisch.
Starker westlicher Einfluß war in einem Park zu spüren, wo für die Kinder eine Wildwest-Eisenbahn aufgebaut war. Über dem Bahnhof leuchtete in bunten Glühbirnen der Stationsname »Colorado Springs«, am Fahrkartenschalter hing ein Steckbrief mit dem Bild John Waynes »Wanted! 10000 Dollar!«, und die Kinder wurden in kleinen Wägelchen von einem Lokomotivchen mit knatterndem Benzinmotor durch einen Plastik-Tunnel nach »Santa Monica« und zum Rio Grande gefahren. Die Eindrücke, die sie dabei empfingen, waren für den Wilden Westen durchaus positiv.
Bei meinem Bummel durch die kommunistische Metropole Belgrad fiel mir eins besonders auf: Die Leute sahen alle zufrieden aus, was sie nach unseren bewährten Maßstäben doch eigentlich gar nicht sein dürften. Niemand hatte den gehetzten und vom gesunden Konkurrenzkampf geprägten Gesichtsausdruck, der unser westliches Straßenbild bestimmt. Aber vielleicht täusche ich mich da, denn ich sah die Umwelt bereits durch eine kommunistische Brille: Meine im Westen hergestellten Augengläser waren auf der Rolltreppe einer Fußgängerunterführung

heruntergefallen und zu Bruch gegangen. Bei einem volkseigenen Optiker bekam ich eine neue Brille, die nur ein Zehntel von dem kostete, was man mir in der Heimat dafür abverlangt hätte.
Im Café des Hotels »Moskwa« trank ich am späten Nachmittag einen Slibowitz und lauschte handgemachter Musik. Auf dem Podium spielte ein Salon-Orchester Operettenweisen und Charakterstücke längst versunkener Epochen. Die Titel der »Pièces« wurden auf Tafeln bekanntgegeben, die von der greisen Pianistin an einem zum Publikum gerichteten Notenständer befestigt wurden. Rundherum saßen schachspielende, diskutierende oder meditierende Individualisten.
Im Stadtführer, der mir vom Verkehrsbüro »Partisan« überreicht worden war, las ich: »Belgrad hat nur wenige historische Baudenkmäler aufzuweisen, weil die Stadt im Laufe der Jahrhunderte wegen ihrer günstigen Lage immer wieder verwüstet und dem Erdboden gleichgemacht wurde.«
Um eine solche Lage als »günstig« zu bezeichnen, muß man wohl Historiker oder Stratege sein.
Als die Abenddämmerung hereinbrach, flammte an einem zwölfstöckigen Hochhaus ein riesiger Sowjetstern aus roten Neonröhren auf, um den herum auf Giebeln und Fassaden in meterhohen Buchstaben die Namen monopolkapitalistischer West-Unternehmen leuchteten. Die Ostgeschäfts-Anbahner dieser Firmen traf ich in der Halle des Hotels »Metropol«, wo sie dank besonders tragfähiger Stimmen und des ihnen durch ein mehr oder weniger gnädi-

ges Geschick angeborenen sicheren Auftretens den Ton angaben.

An der Bar kam ich mit einem westdeutschen Generalvertreter für Dichtungen (nicht im Sinne von Poesie, sondern von Abflußrohrverschlüssen) ins Gespräch. Er war stramm antikommunistisch, soweit es die »Ideologie« betraf, aber sehr dafür, wenn man ein Geschäft machen konnte. Der bilaterale Gesinnungswechsler riet mir, am Abend unbedingt das volkseigene Spielcasino und Nacht-Cabaret im Hotel »Majestic« zu besuchen, den Treffpunkt aller westdeutschen Geschäftsreisenden.

»Sie kriegen da einen Striptease zu sehen – doller als in Paris! Da haut sich eine Stripperin zu Beethoven-Musik mit einer Lederpeitsche zwischen die Beine – also das müssen Sie gesehen haben!«

So verlockend das auch für manche Ohren klingen mag – ich zog es vor, einer mir gemäßeren Form der Fleischeslust nachzugehen: Dem Verzehr von zwiebelreichen, paprikagewürzten Balkan-Grillspezialitäten. Die gibt es in reicher Auswahl in der »Skadarska«, einer Gasse im alten Belgrad, wie sie kein Film-Architekt pittoresker aufbauen könnte.

Gemütliche Kneipen mit Tischen vor den Türen, Kopfsteinpflaster, romantische Gaslaternen und blühende Kastanienbäume, zwischen denen Girlanden bunter Lämpchen hängen. Das Dekor war einzigartig, der Wein hervorragend, aber leider muß gesagt werden, daß die Grillspezialitäten der Münchner jugoslawischen Restaurants immer noch die besten sind.

Dieses Belgrader Haus in der »Straße des 7. Juni« ist nicht etwa ein fragwürdiges, sondern das hochanständige und berühmte Kaffeehaus »Zum Fragezeichen«. Dem Wirt fiel nichts Zugkräftigeres ein, da hängte er einfach ein Fragezeichen vor die Tür. Unter diesem Emblem kann man sehr gut über die Fragwürdigkeit alles kapitalistischen oder kommunistischen Tuns meditieren. Und das tun die Belgrader hier oft und gerne.

Am nächsten Morgen enterte ich wieder den Orient-Expreß, der gerade von einigen hundert Heimkehrern verlassen worden war. Nach dem Anpacken der Waggongriffe hatte ich zwei kohlschwarze Hände. Ein Blick in die offenstehende Tür des WC ließ erkennen, daß hier nur noch die Feuerwehr wirksame Abhilfe schaffen konnte. Auf dem Gang lag eine knöcheltiefe Schicht von Obstschalen, zusammengeknülltem Fettpapier mit Speiseresten, Plastikbechern und anderem Zivilisationsmüll. In den Abteilen sah es nicht viel besser aus, die Luft enthielt eine Reihe von Geruchskomponenten, deren Beschreibung zu weit führen würde.

Um die negative Variante des Duftes der großen weiten Welt hinauszulassen, drehte ich die Scheibe herunter und sah draußen eine adrette Putzfrau sorgfältig die Waggongriffe putzen, wenn auch etwas zu spät. Wie es drinnen im kapitalistischen Waggon aussah, ging sie offensichtlich nichts an. Mit einer Zeitung kehrte ich den Dreck aus meinem Abteil auf den Gang hinaus.

Eine halbe Stunde hinter Belgrad erschien eine Frau im himmelblauen Kittel, mit schneeweißem Häubchen und einem Reisigbesen. Sie begrüßte mich herzlich als einzigen Gast der ersten Klasse, schob den internationalen Müll zu einem großen Haufen zusammen, öffnete in voller Fahrt die Waggontür und feuerte das Ganze hinaus auf die Strecke.

Während der siebenstündigen Fahrt bis zur bulgarischen Grenze gaben ähnliche Abfälle der ziemlich eintönigen Landschaft viele farbenfrohe Akzente.

Kurz vor Nisch belebte noch eine leuchtend gelbe, für einen deutschen Whisky werbende Plakatwand den grauen, trockenen Karst. Wer trinkt so was im Lande des Slibowitz?

Auf dem jugoslawisch-bulgarischen Grenzbahnhof Dimitrowgrad bevölkerten gackernde Hühner die Schienen, auf dem Bahnsteig lagerten Stapel verstaubter und verschnürter Aktenbündel neben einem demontierten Kanonenofen und dem Büro-Mobiliar des Stationsvorstehers, dessen Amtssitz gerade frisch getüncht wurde. Aber das schönste war ein Wasserhahn, aus dem es fröhlich plätscherte. Im ehemaligen Luxuszug standen die Hähne schon seit Belgrad trocken. Wie gerne hätte ich meine kohlschwarzen Hände und die trockene Zunge an das Naß herangebracht! Aber nun fand die einstündige Paß- und Zollkontrolle statt, die einen repräsentativen Querschnitt aller jugoslawischen und bulgarischen Uniformen bot.

Als die große Bahnhofsuhr 14 Uhr 30 anzeigte und eine kleinere sich auf 14 Uhr 55 kaprizierte, meine Armbanduhr aber auf 15 Uhr 26 bestand, rollte der Zug über die Grenze, wo es genau 16 Uhr 27 war, denn die Bulgaren haben Sommerzeit.

Ab Grenzpfahl waren die Schottersteine neben den Schienen blitzsauber ausgerichtet und an der Außenkante mit einer schnurgeraden weißen Linie bemalt. Man spürte: Hier beginnt das linientreueste Land des Ostblocks, das sogenannte Preußen des Balkans, worin nicht jeder etwas Positives sieht.

Neben dem Bahndamm wanderte ein Mann und betätigte sich mit einer interessanten Variante des mir bisher nur kulinarisch bekannten Balkan-Spießes: Er pickte im Dienste der bulgarischen Staatsbahn herumliegendes Papier, leere Zigarettenschachteln und Obstschalen mit einem Metallspieß auf, wobei auf dem Eisenstab eine Art Müll-Schaschlik entstand.

Im Hauptbahnhof von Sofia hielt es mich nicht länger im wasserlosen Orient-Expreß. Mit klebrigen Rußfingern und noch klebrigerer Zunge verließ ich den Zug. Um ein Haar wäre nicht nur die Reise, sondern auch mein Leben beendet gewesen: Um zum Ausgang zu gelangen, mußte man die Geleise überschreiten, die ich auf Grund des Allgemeinbildes dieses mehr als tristen Bahnhofes für tot hielt. Über die nur scheintoten Geleise kam aber urplötzlich und laut pfeifend eine sehr lebendige Rangierlokomotive, der ich mich gerade noch durch einen Hechtsprung entziehen konnte.

Vor dem Bahnhof, der weit außerhalb der Stadt zu liegen schien, stand eine einzige Taxe, und die war bereits von drei Mitreisenden im Sturm erobert worden. Die freundlichen Bulgaren rührte meine Hilflosigkeit, sie ließen mich einsteigen und sich zunächst einzeln nach Hause fahren. Sie wohnten weit über Sofia verstreut. So kam ich in den Genuß einer Rundfahrt.

Pompöse Parteibauten, bescheidene Wohnhäuser, wenig Verkehr, antike Straßenbahnen und an den Straßenrändern zwischen parkenden »Wolga« und »Tschaika«-Automobilen riesige, in Zeltleinwand verpackte Pakete. Es waren ebenfalls Autos, die abends von ihren stolzen Besitzern sorgfältig zugedeckt und eingewickelt werden, damit sie schön sauber bleiben. Die Sofioten haben, wie ich noch oft merken sollte, einen staatlich gelenkten Sauberkeitsfimmel.

Jeder der drei Mitfahrer zahlte seine Teilstrecke, der letzte empfahl mir das Hotel »Balkan«, einen siebenstöckigen, der Reichskanzlei Adolf Hitlers stark nachempfundenen Prachtbau.

Das Renommier-Hotel wurde vor zehn Jahren von russischen Architekten gebaut, denen nichts groß und teuer genug sein konnte. Haushohe Kassettentüren, die von gewaltigen Säulen getragene Halle dreimal so groß wie Sofias Hauptbahnhof, in den mit dicken Teppichen ausgelegten Korridoren könnten zwei Autos nebeneinander fahren. Die Apartments haben allerdings einige kleine Eigenheiten, die vielleicht den erstaunlich niedrigen Preis von (umgerechnet) DM 19,– erklären.

Nachdem mich ein Hotelboy in makelloser, leuchtend roter Pagen-Uniform hinaufgeleitet hatte, riß ich mir, verdreckt und nach Sauberkeit lechzend, die Kleider vom Leibe.

Als ich im himmelblau gekachelten Badezimmer den Warmwasserhahn aufdrehte, kam kaltes heraus, um dann schnell zu versiegen. Aus den Hähnen am Waschbecken tröpfelte es nur, und diese paar Tropfen verschwanden im Abfluß, weil kein Stöpsel vorhanden war. Den demontierte ich aus dem Bidet, dessen Hähne verbittert auf gar nichts reagierten.

Ich verpflanzte den Bidet-Stöpsel mit Barnardscher Kunstfertigkeit ins Waschbecken, wo sich nach einigem Warten gut und ungern ein Liter Wasser ansammelte. Aber nach meiner Mini-Waschung hatte der ortsfremde Stöpsel sich festgesogen und war nur durch eine komplizierte Operation mit Nagelschere und Taschenmesser zu entfernen. Das herbeigerufene Zimmermädchen machte mir die hochinteressante Mitteilung, daß man in den oberen Stockwerken des Balkan-Hotels nur dann Wasser hat, wenn sich unten keiner wäscht.
Nun versuchte ich den Kleiderschrank zu öffnen. Der betreffende Schreiner muß ein Witzbold oder gar ein Saboteur gewesen sein, denn er hatte das Schloß falsch herum eingesetzt. Wenn man den Schrank öffnen wollte, mußte man ihn zuschließen, und umgekehrt.
Der Radioapparat von der Größe einer mittleren Kommode blieb trotz aller Bemühungen stumm, und als ich mich resigniert auf die Couch fallen ließ, hatte das eine Beule am Hinterkopf zur Folge. Die Liegestatt war anscheinend aus Beton gegossen und dann mit grauem Velours bezogen worden.
Alle diese kleinen Mißhelligkeiten spülte ich in der Hotelhalle an der zehn Meter langen Bar mit einem doppelten Wodka herunter.
In klobigen Polstersesseln saßen unter einem riesigen Ölgemälde mit dem listig lächelnden Lenin deutsche Geschäftsleute, waschechte Kapitalisten, und sprachen mit ebenso waschechten Kommunisten vom Geschäft. Prozente, Diskonte, Umrechnungs-

kurse und haushohe Zahlen wirbelten durch die Luft. Dabei machten die sogenannten Proletarier den Eindruck von Herren, während die Herren aus dem Westen in ihrem Auftreten etwas leicht proletenhaftes an sich hatten.

Die vorherrschende Sprache war Deutsch. Lautstark und mit Frankfurter Dialektfärbung verkündete ein bulliger Herr seinem bulgarischen Kontrahenten: »Die deutsche Haut von südlich des Mains ist die beste der Welt!«

Über die verborgenen Schönheiten dieses Satzes dachte ich bei einem weiteren Wodka angestrengt nach. Ein neben mir an der Bar sitzender bundesdeutscher Generalvertreter für Kühlaggregate klärte mich auf:

»Der Herr ist Lederhändler aus Offenbach. Er hat in der Zone zehntausend ostdeutsche Schweine gegen harte D-Mark gekauft, in den Westen transportiert, dort die Häute gegerbt und das Schweinsleder für US-Dollars an die Bulgaren weiterverscheuert. Ein Bombengeschäft! Die kaufen hier nur das Beste und Teuerste, denn bezahlen können sie es sowieso nicht, die Rechnungen gehen direkt zum Russen, der zahlt sich dumm und dämlich, damit die Brüder linientreu bleiben! Ich könnte Ihnen Dinger erzählen ...«

Und er erzählte. Von den modernsten Cola-Automaten mit Tiefkühlung, die wegen unsachgemäßer Behandlung bereits nach wenigen Wochen nicht mehr funktionierten, aber auf allen Provinzbahnhöfen repräsentativ herumstehen. Von der 6-Millionen-

D-Mark-Maschine zur Zigarettenfabrikation, die nach 14 Tagen hin war, weil in der Halle ein paar Scheiben kaputt gingen, die Klimaanlage deshalb nicht mehr klappte und der zu feuchte Tabak die deutsche Wertarbeit ruinierte. Und von vielen anderen Grotesken als Folge des zu plötzlichen Fortschritts.

Nach diesem Einblick in die Geheimnisse des Ost-Handels fragte ich den Kenner der hiesigen Verhältnisse, wie es denn mit dem Abhören von Gesprächen und dem Herumspionieren im Gepäck der Hotelgäste sei. Angeblich sollen diese Bräuche in Bulgarien in höchster Blüte stehen.

»Das gibt es natürlich«, sagte mein Gewährsmann, »aber hauptsächlich aus rein geschäftlichen Gründen. Auch die deutschen West-Ost-Händler, die untereinander in erbittertem Kampf um die kommunistischen Staatsaufträge stehen, lauschen munter mit. Sie benutzen die Errungenschaften der modernen Mini-Abhörtechnik, um über die Pläne und Angebote der Konkurrenten auf dem laufenden zu sein. Und was die Gepäck-Inspektion während der Abwesenheit des Hotelgastes angeht: Ziehen Sie vor dem Ausgehen einen dünnen, unsichtbaren Klebstoff-Faden über die Kofferschlösser. Das machen wir alle, nur um zu wissen, ob jemand dran war.«

Man darf wohl annehmen, daß die heimlichen Koffer-Inspekteure den Trick längst kennen und beim Schließen einen neuen Klebstoff-Faden anbringen.

Nach dem lehrreichen Gespräch warf ich einen Blick in den Speisesaal, der sich in nichts vom Speisesaal eines westlichen Grand-Hotels unterschied. Deshalb fuhr ich zum Abendessen hinaus nach »Bojansko Hantsche« vor den Toren Sofias, um in einem rustikalen Lokal zu den Klängen von Hirtenflöten und Dudelsack den reichhaltigsten Balkan-Grillteller meines Lebens zu verzehren. Dazu gab es einen schweren, samtigen Rotwein aus seltsam geformten Tonkrügen, die man um den Hals fassen mußte, damit die köstliche Bacchusgabe aus einem kleinen Loch im Henkel in dünnem Strahl ins Glas lief. Die Kellner trugen bulgarische Bauerntracht, die aus aufgesetzten Flicken an Knien und Ellenbogen einen modischen Effekt macht: Die mit bunten Blumenmustern reich bestickten Applikationen sind auch auf nagelneuen Hemden und Hosen bereits fest aufgenäht.

Erst gegen Mitternacht kehrte ich ins Hotel »Balkan« zurück und machte zwecks Löschung des Nachdurstes eine Stippvisite in der Bar.

Im schummrigen Halbdunkel bewegten sich zwischen den an kleinen Tischen sitzenden westlichen Geschäftsleuten einige äußerst sehenswerte junge Damen in Miniröcken und schicken Frisuren. Sie setzten sich plaudernd mal hier, mal dorthin, um den Gästen Gesellschaft zu leisten. Eine dieser Nacht-Hostessen nahm sich auch meiner an und wollte mich unbedingt für bare 30 US-Dollars oder 120 D-Mark (West) in einen »Nachtclub mit Programm« führen. Er läge ganz in der Nähe. Weil mein Alkoholpegel bereits weit über dem Strich stand, wurde nichts daraus. Kenner verrieten mir, daß es sich

Als rauchender Fremder hat man in Sofia häufig den Eindruck, daß die von früh bis spät emsig tätigen Straßenkehrerinnen nur darauf warten, daß man seine Pfeife womöglich über dem Pflaster ausklopft oder die Asche von der Zigarette fallen läßt. Das

bei diesen Damen um staatliche Venusdienerinnen handelt, die aus patriotischer Gesinnung heraus das Loch im bulgarischen Devisenhaushalt zu stopfen versuchen.

Am nächsten Morgen wanderte ich durch Sofia, das von allen europäischen Hauptstädten pro Kopf der Bevölkerung die größte Quadratmeterzahl an Grünanlagen besitzt und sich in den Kopf gesetzt hat, die

sehen diese auf Sauberkeit bedachten Trottoirpflegerinnen gar nicht gerne, denn dafür sind Aschenbecher da, die von der Sofiotischen Stadtverwaltung am unteren Rand der an jedem Baum und Laternenpfahl befestigten Papierkörbe angebracht wurden.

sauberste Hauptstadt der Welt zu sein. Wer hätte so etwas je auf dem Balkan vermutet, wo sich nach den Vorstellungen unserer Großväter die Einwohner hauptsächlich mit dem Knacken von Läusen und der Jagd auf Wanzen beschäftigen?
Überall auf den Straßen waren in den Morgenstunden Reinigungstrupps mit riesigen Tankwagen und armdicken Wasserschläuchen tätig. Die Spritzko-

lonnen trieben die Passanten vor sich her, und auch ein Hauseingang, in den ich hineinflüchtete, bot keinen sicheren Sprühschutz.
Gegen ein kleines Trinkgeld wird der Hochdruck-Wasserstrahl auch auf Autos gerichtet, die so in den Genuß einer Schnellstwäsche kommen.
In den Schaufenstern war leider nur ein reichhaltiges Angebot an Parteiparolen und Emblemen zu sehen, denn der Jahrestag der Revolution stand bevor. Deshalb war auch ausnahmsweise der einbalsamierte Nationalheld Georgi Dimitroff durchgehend geöffnet. Er liegt gegenüber vom alten Königsschloß, das sich gegen die gewaltigen Parteibauten wie ein Wochenendhaus ausnimmt, in seinem Mausoleum. Davor steht eine Bronzetafel mit dem deutschsprachigen Hinweis: »Geöffnet von 15–18 Uhr, es werden keine Ausnahmen gemacht. Die Direktion des Mausoleums.«
Direktor eines Mausoleums mit einem einzigen, ziemlich anspruchslosen Bewohner – einen ruhigeren Beruf kann es wohl kaum geben.
Das ruhige und beschauliche Leben ohne Hast, Geldgier und Konkurrenzkampf bestimmt das Straßenbild Sofias. Die beliebteste Freizeitgestaltung ist das Sitzen auf Parkbänken oder das Promenieren auf dem Lenin-Boulevard. Wer sich einen kleinen Luxus leisten will, läßt sich auf einer Café-Terrasse nieder oder besucht eine der vielen Imbiß-Stuben, von denen manche sogar eine aus Italien importierte Espresso-Maschine haben, die meistens kaputt ist. Die einzige gut funktionierende entdeckte ich in

einem Café schräg gegenüber vom Balkan-Hotel. Der Wirt hatte zur Bedienung des Gerätes eine Italienerin importiert und sie dann geehelicht. Das scheint die einzige Möglichkeit zu sein, in Bulgarien eine Espresso-Maschine in Gang zu halten.

Auch in der volkseigenen Kosmetik-Industrie scheint es hin und wieder kleine Pannen zu geben. Einem Haarfärbemittel wurde eine Leuchtfarbe beigemischt, die zwischen Verkehrsampelgelb und jenem Rot schwankt, das Autobahnarbeiter in leuchtenden Streifen auf dem Rücken tragen. Diese weithin schreiende Haarfarbe sprang mir im vorherrschenden Grau des Straßenbildes immer wieder schmerzhaft ins Auge.

Zu den wenigen Dingen, die einwandfrei funktionieren, gehören die öffentlichen Fernsprecher. Die Münzapparate hängen frei und offen an den Häuserwänden der Hauptstraßen, alle Passanten können zuhören. Da aber jeder sowieso damit rechnet, daß die Telefone auch noch anderweitig abgehört werden, stört das niemanden.

Am späten Nachmittag kletterte ich wieder in den vertrauten Orient-Expreß. Im Eingang des Schlafwagens lag ein Kohlenhaufen, von dem sich Spuren in alle Abteile zogen. Ich verzehrte meinen vorsorglich mitgebrachten Proviant und legte mich schlafen.

Am nächsten Morgen rollte der Zug bereits auf türkischem Boden. Die rote Fahne mit dem weißen Halbmond wehte über einem Barackenlager, das rundherum mit einem doppelten Stacheldrahtzaun

gesichert war. Türkische Soldaten exerzierten mit alten Flinten und übten das militärische Grüßen, um die westliche Freiheit am äußersten Zipfel Europas notfalls verteidigen zu können.
In der Mitte des nach einem Sträflingslager aussehenden Komplexes war eine Baracke nochmals extra mit Stacheldraht eingezäunt. Dort lümmelten sich Soldaten im Sand, die sich irgendeines Vergehens schuldig gemacht hatten. Ein Gefängnis im Gefängnis.
Und dann zogen die Vorort-Slums der »Perle am Goldenen Horn« am Abteilfenster vorbei. Im Vergleich dazu sind die schlimmsten Elendsviertel Neapels gepflegte Villenvororte.
Im Hauptbahnhof von Istanbul nahm mir ein gefährlich aussehender Gepäckträger gegen erbitterten Widerstand die Reisetasche ab. Sie war mein ganzes Gepäck, denn wegen des als unsicher geltenden Balkans hatte ich einen großen Koffer mit den besseren Sachen von München aus direkt nach Istanbul aufgegeben. Noch ahnte ich nicht, daß ich ihn in den nächsten Stunden noch mehrfach, wenn auch in anderem Sinne, aufgeben sollte.
Der Gepäckträger erwies sich als sehr nützlich, denn er bahnte mir in der Zollhalle einen Weg durch das Gedränge der schlangestehenden, hochbeladenen Heimkehrer. Der Zollbeamte, der jedes Gepäckstück seiner Landsleute umstülpte und restlos ausleerte, ließ meine Reisetasche ungeschoren und signierte sie mit Kreide. Als ich ihm aber meinen Gepäckschein überreichte, bildeten sich schwere

Sorgenfalten auf seiner Stirn. Er ließ alles stehen und liegen, forderte mich durch Zeichensprache auf, ihm zu folgen und lieferte mich in einem rückwärtigen Kabuff ab, wo zwei kleine graue Männer in Bergen von Formularen saßen. Sie suchten in Pappkartons das Pendant zu meinem Gepäckschein, fanden es aber nicht.

Und nun begann eine Irrsinns-Odyssee durch ein gutes Dutzend Dienststellen, die mich an die Ortskommandanturen meines erfolglosen Rußlandfeldzuges erinnerten. Der Träger mit der Reisetasche wurde bereits nach den ersten zehn Minuten abgesprengt, ich schrieb ihn ab und wollte nur noch den Koffer. Als im zwölften Büro das Pendant des Gepäckscheines gefunden wurde, glaubte ich mich am Ziel meiner Wünsche.

Aber jetzt ging's erst los. Niemand schien zu wissen, wo der Koffer sein könnte. Schließlich führte mich ein gehbehinderter Beamter aus dem Bahnhof heraus und hinüber zur Güterabfertigung. Auf dem Wege dorthin gesellte sich ein Taxifahrer zu uns, der mich unbedingt ins Hotel fahren wollte und meine Sache zu der seinen machte, indem er den Gepäckschein samt Pendant an sich brachte.

Zu dritt suchten wir in lysolstinkenden Lagerkellern, in denen Ratten huschten und Lumpenbündel bis hoch unter die Decke gestapelt waren, nach meinem Koffer.

Schließlich blieb nur ein einziger Keller im ganzen Bahnhofsgelände zu durchsuchen, aber der war abgeschlossen. Allah wollte, daß der zugehörige Be-

Schon in der Zollhalle des Instanbuler Hauptbahnhofs merkt man deutlich, daß in der Türkei der Unterschied zwischen arm und reich besonders groß ist: Bei den armen Heimkehrern wird die

amte gerade irgendwo in Istanbul das Mittagessen einnahm. Als er nach einem guten bzw. unguten Stündchen auftauchte und uns sein Reich erschloß, leuchtete mein Koffer zwischen vielen Elendsbündeln in seiner ganzen fremdländischen Schönheit. Aber damit hatte ich ihn noch nicht: Ein Zöllner mußte seinen Inhalt prüfen, und dann wurde ich noch einmal den ganzen Instanzenweg zurückgejagt, während der Taxifahrer allein mit dem wiedergefundenen Gepäckstück zurückblieb.
In Kabuffs, Verschlägen und Büros des Bahnhofs

Zöllnerhand an so ziemlich alles gelegt, bei den Bessergestellten, die mit teuren Koffern und Gepäckträgern kommen, meistens nur an die Dienstmütze.

füllte ich zahlreiche plakatgroße Formulare aus, die mit meinem Paß hinter Schalterfenstern verschwanden, viele Zimmer weiter wieder auftauchten, von Beamten mehrerer Rangklassen gestempelt und signiert wurden, um dann dem »Chef des Zolls« vorgelegt zu werden. Er residierte hinter einer Tür, vor der rund fünfzig Gepäck-Anwärter Schlange standen. Ich reihte mich ein mit der ziemlich festen Überzeugung, daß nach dem Gepäckträger mit meiner Reisetasche nun auch der Taxifahrer mit dem Koffer längst das Weite gesucht hatte.

Während die Schlange langsam vorrückte, fühlte ich immer wieder nach meiner Brieftasche mit den Reiseschecks, die mir eine sofortige Heimkehr ermöglichen sollten.

Nach anderthalbstündigem Warten war es endlich soweit, daß sich die Tür des »Chef vom Zoll« vor mir öffnete. Der orientalische Bahnhofs-Potentat saß in einem hochelegant eingerichteten Zimmer hinter einem Feudal-Schreibtisch mit einer roten Schreibunterlage aus feinstem Saffian und hatte sämtliche von mir ausgefüllten Formulare sowie meinen Paß vor sich liegen. Wortlos schrieb er eine ganze Seite im Paß auf türkisch voll. Dann mußte ich ein Formular unterschreiben, daß ich meinen Koffer einwandfrei erhalten hätte. Eigentlich hatte ich ihn ja nur gesehen, aber nun war mir schon alles egal.

Als ich an Leib und Seele gebrochen fünf Stunden nach Ankunft des Orient-Expreß aus Istanbuls Hauptbahnhof heraustrat – wer stand da und erwartete mich? Der Taxifahrer mit dem Koffer und der Gepäckträger mit der Reisetasche. So ehrlich sind die Türken.

Mit dem Schicksal versöhnt packte ich im Hotel den Koffer aus und merkte dann, daß von allen Anzügen die Hosen fehlten.

In welchem der vier vom Koffer allein durchreisten Länder mochten die Hosen jetzt an Diebesbeinen herumlaufen? Nur Allah weiß es, und der verrät es nicht.

Ich habe diese Koffer-Episode so ausführlich erzählt, um dem Leser die Folgen einer Aufgabe des

Reisegepäcks von München nach Istanbul zu verdeutlichen. Zumal die Reisegepäck-Versicherung nur zahlt, wenn man Zeugen des Diebstahls nennen kann. Das soll mir mal einer vormachen.
Da stand ich nun ohne Hosen in Istanbul, der legendären Perle am Bosporus. Doch das ist ein Kapitel für sich.

Das gefährlichste Pflaster der Welt

Vor meinem ersten Bummel durch Istanbul überreichte mir der Hotelportier ein deutschsprachiges Heftchen mit wertvollen Hinweisen des türkischen Ministers für Tourismus.
Wortwörtlich stand da folgender, kaum auszuschöpfender Satz: »Obwohl im Laufe der Jahre der deutsche Fremdenverkehr in die Türkei zunimmt, hat das deutsche Ansehen in keiner Weise eingebüßt!«
Selten wurde in einem so kurzen Satz so viel gesagt. Nach längerem Nachdenken begriff ich: Die Türken müssen ungeheuer deutschfreundlich sein.
Die Türkei ist ein sehr armes Land, und Armut ist ja keine Schande, sondern ein großer Glanz von innen, wie ein deutscher Dichter mal so schön sagte. Der Glanz der »Perle am Goldenen Horn« leidet jedoch beträchtlich unter dem mit der Armut häufig einhergehenden Schmutz. Darüber half mir auch nicht die Erklärung auf der zweiten Seite meines Heftchens hinweg:
»Man ist sehr leicht verführt, die trockene Dürre für Schmutz zu halten.«
Die Haufen von glitschigen Küchenabfällen, die in der Altstadt einfach vor die Tür gekippt werden, konnte ich beim besten Willen nicht als »trockene Dürre« anerkennen.

Für Fremde sind die bergauf und bergab führenden abfallreichen, aus Schlaglöchern und Felsbrocken bestehenden Seitengassen Istanbuls eines der gefährlichsten Pflaster der Welt, wovon in den Hotelhallen so mancher verbundene oder eingegipste Touristenfuß beredtes Zeugnis ablegt. Die Einheimischen bewegen sich auf diesem fußfeindlichen Pflaster mit dem sicheren Instinkt anatolischer Bergziegen.

Laut Reiseführer wird das Stadtbild Istanbuls von den Kuppeln und Minaretten seiner Moscheen beherrscht. Das mag aus einiger Entfernung zutreffen. Wandert man aber durch Istanbuls Straßen und Gassen, wird das Stadtbild von dem immer wiederkehrenden Wort »bankasi« bestimmt. »Bankasi« heißt »Bank«. An Fassaden, auf Dächern, an Laternenpfählen und Plakatwänden fordern die »Osmanli Bankasi«, »Türkiye Bankasi«, »Merkesi Bankasi«, »Garanti Bankasi« und viele andere wohlklingende Bankinstitute die Passanten auf, ihnen ihr Geld anzuvertrauen. Die weit überwiegende Mehrheit der Straßenbenutzer machte mir allerdings den Eindruck, daß sie keinen Pfennig in der Tasche hatte, was nach dem Urteil von Kennern der Verhältnisse auch zutreffen soll.

Während meines Altstadtbummels drängte sich die (natürlich etwas falsche) Überzeugung auf, daß mindestens jeder zweite Türke sich am frühen Morgen mit einem Körbchen, einer Schachtel, einem Tablett oder einem Schemelchen an irgendeinen Straßenrand stellt und irgend etwas feilbietet.

Im Menschengewimmel schob sich ein schwarzgelocktes Männchen an mich heran, fuchtelte mit einem Gewehr unter meiner Nase herum und schwenkte eine durchlöcherte Zielscheibe. Dieser Orientale war eine ambulante Schießbude: Auf Wunsch heftet er die Scheibe an die nächstbeste Mauer, und dann kann man mitten im Verkehrsgewühl seine Schießlust befriedigen. Die Sicherheit der Passanten ist Allahs Sache.

Auf dem Wege zum weltberühmten »Großen Bazar« mußte ich den sogenannten »Läuse-Bazar« durchqueren, das orientalische Gegenstück zum Pariser Flohmarkt. Hier ist eine Handvoll rostiger Nägel bereits eine gesunde Geschäftsgrundlage.

Ein Händler mit alten Schuhen, dessen Laden aus einer auf dem Pflaster ausgebreiteten Zeitung bestand, bot nur Einzelstücke an: Linke oder rechte Schuhe, zu denen der andere Teil des Paares fehlte. Der Kundenkreis dieses Schuh-Antiquars ist natürlich auf Leute beschränkt, die nur einen Schuh benötigen. Aber wahrscheinlich sichert das geradezu abenteuerliche Verkehrsgebaren der Istanbuler Taxifahrer dem Geschäft dieses echten Einzelhändlers gleichmäßigen Absatz an beschädigte Fußgänger, die wiederum überflüssig gewordene Bekleidungen eines im Verkehr abhanden gekommenen Fußes zum Weiterverkauf anliefern.

In Istanbuls Läuse-Bazar ist der Kunde wirklich König. Ich sah einen total zerlumpten Mann, dem die Restbestände einer ehemaligen Jacke in Fetzen vom Leibe hingen, auf einen Altkleider-Händler zutre-

ten. Der begrüßte ihn mit einem tiefen Bückling und half dem Kunden vor dem Anprobieren mit einer Höflichkeit aus dem Lumpengewand, die selbst dem prominentesten Maßschneider zur Ehre gereicht hätte. Er hängte die Fetzen sorgfältig über einen Bügel und schuf so eine günstige Verkaufsatmosphäre.
Die Händler mit alten oder kaum gebrauchten Hosen erregten mein besonderes Interesse, weil ich die mir entwendeten Beinkleider hier wiederzufinden hoffte. Aber die Hoffnung trog.
Am Eingang zu den glasgedeckten Hallen des »Großen Bazar« machte sich ein Männchen an mich heran und fragte, ob ich vielleicht einen Arzt benötigte. Sah ich etwa so aus? Der Türke beruhigte mich auf englisch, drängte mir aber dennoch die Geschäftskarte seines Mediziners auf. Die Ärzte Istanbuls haben also »Anreißer«, genau wie die Teppichhändler, deren Agenten jedem Touristen von früh bis spät am Rocksaum hängen. Einer dieser Vertreter orientalischen Knüpf-Fleißes wollte mir einreden, daß er notfalls sogar den aus vielen Märchen bekannten »fliegenden Teppich« vermitteln könnte.
Wer vom »Großen Bazar« unverfälschtes orientalisches Volksleben erhofft, wird bitter enttäuscht. Das Einkaufszentrum besteht aus schnurgeraden Ladenstraßen mit strahlend hellen, neonbeleuchteten Schaufenstern, in denen Schmuck, Andenken und vor allem Schuhe und nochmal Schuhe angeboten werden. Weibliche Touristen geraten hier erfahrungsgemäß in einen Rauschzustand, aus dem sie erst erwachen, wenn die Reisekasse leer ist.

In den engen, holprigen Gassen Alt-Istanbuls stehen Handel und Wandel in vollster Blüte. Dieses Bild zeigt nur einen ganz kleinen, aber typischen Ausschnitt. 1: Frauenschenkel-Händler mit einem Tablett voller Hackfleischklößchen, die in der Türkei »Frauenschenkel« heißen. 2: Juwelierladen, bestehend aus einem Hocker und einer Pappschachtel mit Amuletten gegen den bösen Blick. 3: Noch nicht schulpflichtiger Bleistiftverkäufer. 4: Zukunftsdeuter, der die vorgedruckten Schicksale von Eichhörnchen aus einem Kasten ziehen läßt.

5: Nähnadel-Kleinsthändler. 6: Ambulantes Grill-Restaurant. 7: Ganz kleiner, durstiger Kammhändler. 8: Auf dem Rücken zu tragender Limonaden-Ausschank. 9: Kringel-Verkäufer mit Stock voller Kringel und umgehängter, relativ staubdichter Vitrine mit Feingebäck. 10: Vertrieb von Plastiksäcken für alle Zwecke: 11: Speisewagen mit diversen Marinaden zum Sofortverzehr. Im Hintergrund Lastträger, lauter aufrechte Türken, von denen jeder die Transport-Kapazität eines mittleren Kombi-Wagens hat.

Nach dem Abwandern der größten Schmuck- und Schuh-Auswahl der Welt landete ich wieder in volkreichen Gassen, wo es an jeder Ecke Dönner-Kebab gab, was nicht etwa ein Unwetter, sondern ein köstliches Lammfleischgericht ist. Obgleich mir der Duft brutzelnder anatolischer Fettsteißhammel aus allen Garküchen verlockend in die Nase stieg, traute ich mich nirgends hinein. Ein flüchtiger Blick ins Innere der Lokale genügte – überall wurden die einfachsten Gesetze mitteleuropäischer Hygiene mit Füßen getreten. Aber den Türken bekommt es ausgezeichnet. Sie haben wohl durch lange Gewöhnung eine Darmflora, die jede eindringende Bakterienmenge mühelos überwältigt.
Von Europas Bakterienfurcht angekränkelt, wollte ich das Mittagessen in einem möglichst keimfreien Restaurant einnehmen, um meinen Aufenthalt nicht vorzeitig wegen innerer Komplikationen abbrechen zu müssen. Was lag da näher als das garantiert hundertprozentig desinfizierte Hotel Hilton? Allzu nahe lag es nicht, denn die US-Karawanserei hat sich jenseits vom Goldenen Horn im vornehmen Stadtteil Beyoglu zehnstöckig angesiedelt. Um dorthin zu gelangen, gab es drei Möglichkeiten:
Erstens: ein öffentliches Verkehrsmittel. Die sind in Istanbul sehr rar und für jeden, der des Türkischen nicht mächtig ist, kaum benutzbar. Wer kennt schon die Endstationen, die als einziger Hinweis an den Omnibussen angebracht sind?
Zweitens: Die »Dolmus«-Gemeinschafts-Taxen. »Dolmus« heißt »gefüllt«, denn diese Taxen sammeln

am Straßenrand alle Leute ein, die in dieselbe Richtung wollen. Der Fahrpreis wird geteilt. In Dolmus-Taxen gilt auch ein Schoß noch als Sitzplatz. Man kann in so einem überfüllten Gefährt interessante Bekanntschaften machen, aber für Sprachunkundige ist dieses Volksverkehrsmittel nicht ohne Risiko.

Drittens: Das normale Einzel-Taxi, das den Gast wirklich dort hinbringt, wo er hin will, wenn auch auf Umwegen. Alle Taxen sind amerikanischen Ursprungs, viele führen am Heck noch stolz das schweizerische »CH« oder das deutsche »D« des Vorbesitzers, denn Istanbul ist das Überlaufventil des europäischen Gebrauchtwagenmarktes für schrottreife Straßenkreuzer.

Wenn Istanbuls Taxi-Fahrer nicht am Steuer sitzen, liegen sie unter dem Wagen und binden mit Draht die Teile fest, die abzufallen drohen.

So ein Fahrzeug nahm ich mir und nannte als Fahrtziel das Hilton-Hotel. Diese Adresse genügte, um beim Fahrer einen Wortschwall günstiger Angebote vom Teppich bis zu lebenden Objekten auszulösen. Ich bestand aber auf einer Fahrt zum Hilton.

Als wir die Galata-Brücke überquerten, weiteten sich meine Augen, aber nicht wegen des von Reklametafeln verdeckten herrlichen Panoramas, sondern wegen der ersten hübschen Türkin, die ich an diesem Tage sah. In der Altstadt gab es außer einigen alten Frauen nur Männer, Männer und nochmals Männer auf der Straße. Jenseits der Galata-Brücke, im modernen Istanbul, sah ich auf zwei Kilometer

Fahrstrecke mindestens ein Dutzend schöner und schicker Türkinnen zwischen höchstens dreitausend Männern. Ein Beweis für die fortschreitende Emanzipation der türkischen Frau.
Vor dem Hilton-Hotel wurde mir vom fürstlich livrierten Portier das Aussteigen verwehrt. Er scheuchte das Taxi weiter, denn es nahte eine Kavalkade, bestehend aus einer zwanzig Mann starken Motorrad-Polizei-Eskorte in schneeweißem Lederzeug, zwei heulenden Funkstreifenwagen, einem Präsidenten-Cadillac mit bundesdeutschem und türkischem Stander, einem halben Dutzend typischer Regierungs-Limousinen und als Abschluß nochmal ein Haufen Polizei-Motorräder. Das alles hielt vor dem Eingangs-Baldachin des Hilton. Und wer stieg aus dem Cadillac? Der bundesdeutsche Wohnungsbauminister, dessen Name mir leider entfallen ist.
Was machte der hier am Bosporus? Vielleicht war er hergekommen, um den osmanischen Waffenbrüdern den wertvollen Tip zu geben, die Ofenrohre in den Holzhäusern der Altstadt und der Elendsviertel senkrecht nach oben zu führen und nicht, wie bisher allgemein üblich, waagerecht zur Straße hinaus.
Als der von meinen Steuern bezahlte Würdenträger mit seinem Gefolge im Hotel verschwunden war, durfte auch ich eintreten, wenn auch mißtrauisch gemustert von vielen sich für unauffällig haltenden Herren, denen die polizeiliche Schulung aus allen Knopflöchern schimmerte.
Im Restaurant hoch über dem Bosporus umgab mich eine siebzig Damen starke amerikanische Reisege-

sellschaft, deren Durchschnittsalter bei ebensoviel Lenzen lag.
Jede Greisin trug ein Blechschild auf der Brust, das sie als Teilnehmerin der »Bible-Lands-Tour« auswies. Die Damen, die sozusagen die Bibel abflogen, aßen bei Hilton Hammel am Spieß. Nicht etwa, weil er ihnen schmeckte, sondern weil man laut Speisekarte den orientalisch verzierten Spieß kostenlos als Andenken mitnehmen durfte. Er ragte aus allen Handtaschen, als nach dem Essen zur Stadtrundfahrt angetreten wurde.
Ich fuhr mit.
Die Route war sorgfältig gewählt, um die Augen der transatlantischen Bibel-Tour-Teilnehmerinnen nicht zu verletzen. Wenn Elendsviertel nicht zu umgehen waren, lenkte der Reiseführer die Blicke schnell an einem Minarett hoch.
Wir fuhren an den modernen Universitätsgebäuden und am nagelneuen, aus Stahlbeton und Glas errichteten monumentalen Amtssitz des Oberbürgermeisters vorbei. Daß es hier in Istanbul eine Stadtverwaltung gibt, hatte ich beim morgendlichen Bummel für ziemlich unwahrscheinlich gehalten. Der Prachtbau bewies die ewige Gültigkeit des Sprichwortes: »Der brave Mann denkt an sich selbst zuerst.«
Wir besuchten eine berühmte Moschee nach der anderen. Sie alle waren reichlich mit Blitzableitern ausgestattet, sicher um den (häufig berechtigten) Zorn Allahs abzuleiten. Die Bänke in den Vorhöfen waren mit deutlich lesbaren Bank-Reklamen be-

malt, während im Inneren der Moscheen das Gewürm kreuz und quer laufender arabischer Schriftzeichen für uns Ungläubige unleserlich und auf die Dauer ziemlich ermüdend war.
Alles atmete auf, als die Fahrt endlich zum Sultanspalast ging. Er ist kein Palast in unserem Sinne, sondern ein Park mit vielen bungalowartigen Häusern. Und in den Häusern sind Schätze von so ungeheurem Wert angehäuft, daß man damit wahrscheinlich die ganze Türkei sanieren könnte.
Die Führung begann in der von den Sultanen zusammengeschnorrten Porzellansammlung: fast alles Geschenke von Bittstellern oder fremden Potentaten. Die Sammlung füllt die frühere Palastküche, in der 5000 (in Worten fünftausend) Köche gleichzeitig werkelten und die Haremsdamen in die vom Sultan gewünschte Gewichtsklasse hinauffütterten.
Vor dem mit 25 000 Edelsteinen besetzten, kinderstuhlkleinen goldenen Sultans-Thron wurde eine Dame fast ohnmächtig, als sie den Schätzpreis hörte: Fünfzig Millionen Dollar. Dann zeigte uns der Palastführer eine große Tür und behauptete, ohne mit der Wimper zu zucken, sie sei aus dem Holz der Arche Noah. Da haben – wie es im Fachjargon heißt – die Türken wohl einen Türken gebaut.
Wir trabten von Gebäude zu Gebäude, von der Sultans-Waschschüssel aus Gold zur Wiege aus Gold und ertrugen das alles geduldig, weil uns ja als Höhepunkt der Harem bevorstand. Er war jedoch wegen Umbaus geschlossen. Den schubweise anrückenden Reisegruppen blieb nichts weiter übrig,

Die Kuppeln des leider längst geschlossenen Harems der Sultane sind ein immer wieder erregendes Fotomotiv, denn sie erinnern an die üppigen Formen der hier seinerzeit verwahrten Damen.

als vor den Haremsmauern liederlichen Gedanken nachzuhängen und bärtige Eunuchenwitze auszutauschen, die herzlich belacht wurden.
Nach der Rundfahrt stand ich mutterseelenallein am

Bosporus und fühlte mich trotz des Heftchens mit wertvollen Hinweisen und deutscher Übersetzung der wichtigsten türkischen Wörter ziemlich hilflos. Einer Sprache, in der Tabak »tütünü«, verboten »japilmatz« und abschleppen »getirebilirmiyiz« heißt, ist nicht jeder gewachsen.
In meiner Verzweiflung nannte ich einem Taxifahrer den Namen der türkischen Zeitung, die jahrelang mein erfolgreichstes Kind durch ihre Spalten laufen ließ, den spitzköpfigen Meisterdetektiv Nick Knatterton. Als hilfesuchender Vater einer Phantasiefigur kam ich in die Redaktion und erlebte nun die grandiose Gastfreundlichkeit der Türken. Jeder hatte sofort Zeit für mich. Nach einigen Täßchen türkischen Mokkas wurde ein deutsch sprechender Lokalreporter damit beauftragt, mir Istanbul zu zeigen. Er hieß Özkan und wurde mein Aladin mit der Wunderlampe.
Er führte mich zu Sritki Yener, dem »König der Hippies«, der in der Altstadt eine Kneipe betreibt, die zum Treffpunkt der deutschen, skandinavischen und englischen »Blumenkinder« wurde, die sich auf Trampfahrt zu den asiatischen Hanf-Anbaugebieten mit »Stoff« versorgen. Wer abgebrannt ist, bekommt von Yener eine kostenlose Mahlzeit.
Vor der Tür des Hippie-Umschlagplatzes stand ein zerfledderter VW mit deutscher Nummer. Die buntgekleideten und mit Haaren weitgehend zugewachsenen Insassen schienen ziemlich »high« zu sein und lächelten mich glasig an.
In der Abenddämmerung bummelten wir durch

Gassen, die ich allein niemals zu betreten gewagt hätte. Aber Özkan überzeugte mich sehr schnell, daß hier ehrliche, kreuzbrave Leute wohnten, die sich durch ihre Armut keineswegs zur Kriminalität verpflichtet fühlten.
Wir gingen in ein Fischrestaurant, das von außen und auch von innen wie eine Armenküche aussah. Das Lokal war ausschließlich von Männern besetzt, wie die anderen Gaststätten auch, an denen wir vorher vorbeigekommen waren. Ich fragte Özkan, ob das alles Junggesellen wären, ohne Heim, Frau oder Geliebte.
»Die sind alle verheiratet«, lächelte mein türkischer Mentor, »aber die Frauen müssen zu Hause bleiben, weil das Geld nicht langt, um zu zweit ins Restaurant oder ins Café zu gehen. Es langt nur für einen, und das ist natürlich der Mann!«
Er gestand mir dann aber, daß auch die Eifersucht und der Alleinbesitz-Anspruch schuld daran sind, daß die Frauen zu Hause bleiben müssen. Viele Türken-Gattinnen dürfen nicht einmal einkaufen gehen, die Lebensmittelhändler kommen mit ihren Wägelchen vor die Haustür, die eingesperrte Hausfrau läßt an einem Seil einen Korb hinunter und zieht die Einkäufe dann hoch. Das sollten alle deutschen Mädchen wissen, die einem geliebten Türken in seine Heimat zu folgen gedenken.
Die Höflichkeit gebot mir, das Lokal hübsch, gemütlich und anheimelnd zu finden. Bald merkte ich, daß es ein Mekka für Feinschmecker war. Das Abendessen begann damit, daß der Wirt ein Dutzend Schüs-

seln mit Seegetier-Vorspeisen auf den Tisch stellte: Gefüllte Muscheln, Muscheln in Weinsud, Krabben auf vielerlei Art angerichtet, gekochte Fischchen, gebratene Fischchen, Langustinen, Tintenfische – eine Vorspeise schöner als die andere. Mein Gaumen jubelte, eifrig sprach ich dem mit Eiswasser verdünnten Anisschnaps »Raki« zu und pfiff auf die Ratschläge aller türkeierfahrenen Freunde, die mich in Deutschland gewarnt hatten: »Keinen Fisch, keinen Salat, kein Obst, kein Wasser – andernfalls kannst du dein Hotel nicht mehr verlassen!«

Ich aß von allem, was kam und streikte erst, als der Wirt eine Vase voll tropfender, roher Chicoréeblätter von unglaublichen Ausmaßen anschleppte, wie sie nur bakteriengesättigte Rieselfelder hochtreiben können.

Özkan flüsterte mir zu: »Sie *müssen* das essen, es wurde herübergeschickt!«

Und so lernte ich den schönen türkischen Brauch des »Herüberschickens« kennen: Wenn ein Türke im Lokal einem fremden Gast eine Freude machen oder ein Gespräch anknüpfen möchte, schickt er ihm irgendein Gericht, das der Empfänger mit einer höflichen Verbeugung und freudigem Gesichtsausdruck zu verzehren hat. Revanchieren darf man sich nicht, das wäre eine schwere Beleidigung. Ich knabberte also ein Dutzend der riesigen, leitungswassergetränkten Blätter in mich hinein, dem hochherzigen Spender sowie einer Amöbenruhr gefaßt ins Auge blickend.

Nach einem zwiebelreichen Hauptgericht, das nicht

ohne Grund »Der Imam fiel in Ohnmacht« hieß, und nach einigen supersüßen Desserts namens »Jungfrauennabel« und »Wesirfinger« setzte sich der Herüberschicker zu uns und nahm den mit Chicoréeblättern geknüpften Kontakt auf.

Er hatte wie so viele Türken in Deutschland gearbeitet, wollte mir unbedingt den Abend verschönern und fragte: »Haben Sie gern türkische Musik?« Ich lächelte bekniffen, aber da verschwand er schon hinaus auf die Straße und kam kurz darauf mit einem alten Zigeuner herein, der eine Hirtenflöte und eine dralle, glutäugige Tochter mit sich führte. Der Zigeuner setzte sich zu uns und entlockte seinem Instrument aufpeitschende orientalische Volksweisen. Dazu ließ die kastagnettenschwingende, mit strammem Minirock und Pullover bekleidete Suleika ihren kleinen Kugelbauch kreisen, wippen und zukken, als hätte sie einen Fußball verschluckt. Dieser Bauchtanz auf engstem Raum zwischen gedeckten Tischen stellte alles in den Schatten, was in den teuersten Nachtlokalen zwischen Casablanca und Istanbul geboten wird.

Nach dem als Gastgeschenk überreichten Schauspiel wohnten wir auf der Straße noch den Vorführungen eines Tanzbären bei und besuchten einige Kaffeehäuser, die auf den ersten Blick den Eindruck von Obdachlosenasylen machten. Zwischen kahlen, abblätternden Wänden hockten dicht an dicht an schäbigen Tischen unter einigen von der Decke baumelnden schwachen Glühbirnen diskutierende Männer. Sie tranken Tee oder türkischen Kaffee, spielten Domino oder Karten und redeten, redeten, redeten. Und zwar, wie Özkan mir versicherte, in ungeheuer blumenreichen, poetisch ausgeschmückten Sätzen. Die Türken gelten als männliche Klatschbasen, die allabendlich die wichtigen und unwichtigen Ereignisse des Viertels gründlich durchhecheln, wobei die orientalische Phantasie wilde Blüten treibt. Kein einziges Mal fiel ein böses oder unfreundliches Wort. Der einfache Türke bleibt, auch wenn ihm die Kleidung in Lumpen vom Leibe hängt, stets ein Herr.

An einem primitiven Straßenausschank tranken wir zum Abschluß des Abends ein Bier inmitten zerlumpter Lastträger. Einer von ihnen schickte als Gastgeschenk einen kleingeschnittenen, kunstvoll auf einem Teller arrangierten Apfel herüber. Dann kam er selber und erzählte, er sei zum Komiker geboren und würde gerne in Deutschland auftreten. Eine lautstarke Probe seines Könnens ließ rundherum in den Fenstern der oberen Stockwerke die daheimgebliebenen Ehefrauen auftauchen.

Obgleich ich kein Wort verstand, war es einer der heitersten Abende meines Lebens. Ich fürchtete nur, daß er für meinen Magen nicht ohne Folgen bleiben würde.

Was hatte ich nicht alles an angeblich gefährlichen Dingen gegessen! Undefinierbares Seegetier mit Haut und Haaren, Chicorée mit Wasser, Apfel mit Bier – es ist mir alles vorzüglich bekommen. Lag das an der so überaus herzlichen Atmosphäre oder am fleißig genossenen Raki, dem fünfzigprozentigen

Schnaps, der auch für gläubige Mohammedaner nicht unter das Alkoholverbot des Propheten fällt, weil es dieses perfekt desinfizierende Getränk zu Mohammeds Zeiten noch gar nicht gab? Folglich, so schließen die emsig kümmelnden Türken messerscharf, konnte Mohammed es nicht verbieten.

Gegen Mitternacht fuhren wir hinaus zu den hocheleganten Lokalen am Ufer des Bosporus, in denen die wenigen Türken speisen, die so reich sind, daß sie ihre Gattin mitnehmen können. Schmuckbehängt und in Modellkleidern entstiegen die voll emanzipierten Damen schweren Luxuswagen. Diese Schicht ist so klein, daß man über sie gar nicht zu reden braucht.

Wanderer, kommst du zu den armen Türken, kannst du wahre Wunder an Gastfreundschaft, Herzlichkeit und Entgegenkommen erleben. Das entschädigt reichlich für die eingangs erwähnte »trockene Dürre, die leicht mit Schmutz verwechselt wird«.

Und nicht vergessen: Feste Raki trinken!

Schmidt's kleiner Foto-Kurs

1. Der nackte Mensch in Ruhe und Bewegung

Der kaum oder gar nicht bekleidete menschliche Körper, vorzugsweise der weibliche als solcher, gehört nach wie vor zu den beliebtesten Fotomotiven des Urlaubsreisenden. Der Mensch zieht aus, um Ausgezogenes auf den geduldigen Rollfilm zu bannen.

Das oben gezeigte, wirklich überraschende Bild, das Bade-Urlaub im Land der Zwerge vermuten läßt, kann jede umworbene Strandnixe mit nach Hause nehmen, falls genügend Verehrer zum gemeinsamen Auftreten bereit sind.

Darunter sehen Sie, wie dieser sogenannte »Gulliver-Effekt« erreicht wird: Die mitwirkenden Herren bauen sich in einigem Abstand hinter der Liegenden auf, genau nach den Anweisungen des Mannes am Sucher. Der Phantasie sind in Bewegung und Stellung keine Grenzen gesetzt, außer denen des Anstandes. Die enorme Tiefenschärfe moderner Objektive macht schöne Effekte möglich.

Ein erstaunliches Gruppen-Foto ...

... und der Trick, der es möglich machte.

Falsch!

Falsch ist es, den Auslöser beim Hochspringen zu betätigen! Zu den schwierigsten Aufgaben des formenbewußten Foto-Amateurs gehört das Erfassen des unbekleideten weiblichen Körpers in der Bewegung. Die wichtigste Grundregel: Bei laufenden oder herumspringenden Evastöchtern in trägerlosen Bikinis keinesfalls in dem optisch ungünstigen Moment abdrücken, wenn die Schöne sich mit kräftigem Schwung vom Boden löst. Die dabei wirksam werdenden Fliehkräfte haben oft zur Folge, daß so ein Geschenkfoto von der Dame verärgert zurückgewiesen wird.

Richtig!

Richtig ist das Knipsen beim Abwärtssprung! Warum, wird jedem Kenner der Newtonschen Schwerkraftgesetze schnell einleuchten: Im Augenblick des Aufsprunges auf den Boden wird für Sekundenbruchteile die auf manche Körperformen besonders heftig wirkende Anziehungskraft der Erde aufgehoben. Erwischt man geistesgegenwärtig diesen Moment, zeigt das Foto den betreffenden Körper in ausgesprochener Hochform. Der Dank der Dame ist dem Knips-Künstler gewiß. Der kleine Trick ist besonders wichtig an FKK-Stränden.

2. Auf den Standpunkt kommt es an!

Viele Fotofreunde stehen auf dem durchaus vertretbaren Standpunkt, daß man selber auf einem Bild das Wichtigste ist. Denn jeder findet immer wieder Freude daran, sich in fotografischer Wiedergabe zu betrachten. So kommen die üblichen und für die abgebildete Person stets reizvollen Andenkenfotos zustande, von denen links oben ein typisches Beispiel zu sehen ist: Frau Meier vor den Pyramiden. Dasselbe Bild kann durch wohlüberlegte und geschickte Wahl des Standpunktes beträchtlich gewinnen und sogar eine Pointe bekommen:
Hätten Herr und Frau Meier sich so postiert, wie obige Zeichnung zeigt, sähe das Foto ganz anders aus:

Die vom Zahn der Zeit angenagte Sphinx erblüht dank Frau Meier in neuer, gestraffter Schönheit!

Die 08/15-Fassung des Fotos einer geliebten Person vor den erhabenen Resten der Akropolis. Auch hier ließe sich durch eine kleine Standortverschiebung weit mehr erreichen.

Der gewitzte Fotofreund nutzt die bedauerliche Tatsache, daß die Gesimse tragenden Griechinnen längst nicht mehr vollzählig sind, wirkungsvoll aus.

Ohne ein Foto des Eiffelturms kehrt wohl niemand aus Paris zurück. Aber nur die wenigsten wählen ihren Standpunkt so, daß dieser eiserne Gigant zum lustigen Requisit wird:

Mit Tiefenschärfe und gutem Stehvermögen der abzubildenden Dame kann ein Foto gelingen, das die Situation des Verliebtseins in Paris hübsch unterstreicht.

3. Der Schnappschuß ist der schönste Schuß, den wir auf Erden kennen

Zum Schnappschuß gehört Geistesgegenwart und natürlich auch eine Portion Glück. Bei mit Sicherheit nie wiederkehrenden Situationen ist erfahrungsgemäß gerade der Film alle. Der vom Glück begünstigte Foto-Amateur, der seine Kamera in dem Moment am Auge hat, wenn der schiefe Turm von Pisa endlich umfällt, ist zu beneiden. Das Foto dürfte ihm die Urlaubskosten und noch einiges darüber hinaus einbringen.

Schnappschüsse bieten sich meist ganz unerwartet

an. Da heißt es dann, blitzschnell die Kamera hochreißen und noch schneller abdrücken. Wer den hier im Bild dargestellten und von den Insassen noch gar nicht begriffenen Moment auf seinen Film festhalten kann, ist ein Glückspilz. Der hochdotierte Preis für das »Foto des Jahres« ist ihm ziemlich gewiß. Man sollte es jedoch nicht so weit treiben, bei Bergwanderungen nur noch auf die Gondeln der Seilbahnen zu achten. Es können auch ganz andere Dinge passieren.

Schnappschüsse von starker Ausdruckskraft gelingen, wenn Sie entscheidende Mitteilungen (Paß verloren, Gepäck geklaut usw.) der Gattin vorenthalten, bis die Kamera schußbereit ist.

Ehefrauen sollten in Restaurants die Kamera griffbereit auf dem Schoß haben, um sie beim Eintreffen der Rechnung hochzuziehen. Solche Fotos sind bei Dia-Vorführungen der ganz große Lacherfolg.

Nicht jedes Motiv, das sich als Schnappschuß darbietet, wirkt auf die lichtempfindliche Filmschicht. Wenn man z.B. nach besonders langem Wüstenritt die oben dargestellte Fata Morgana ganz deutlich sieht, lohnt es sich dennoch nicht, auf den Auslöser zu drücken. Entweder ist außer Wüstensand nichts drauf, oder alle Leute, denen man ein solches Bild zeigt, halten es für eine Fotomontage.

4. Gruppen-Aufnahmen mit etwas Pfiff

So seltsam es klingen mag: Nirgends wird soviel gesündigt wie bei jenen traditionellen Gruppenfotos, auf denen sich die Teilnehmer von Gesellschaftsreisen zu einem Bild vereinen. Eine Reform tut dringend not. Hier einige wertvolle Tips:

Auf dem Bild oben sieht man die seit Jahrzehnten übliche Anordnung. Wieviel lebendiger und interessanter dieselbe Gruppe auf denselben Stufen aussehen kann, beweist die Zeichnung links:

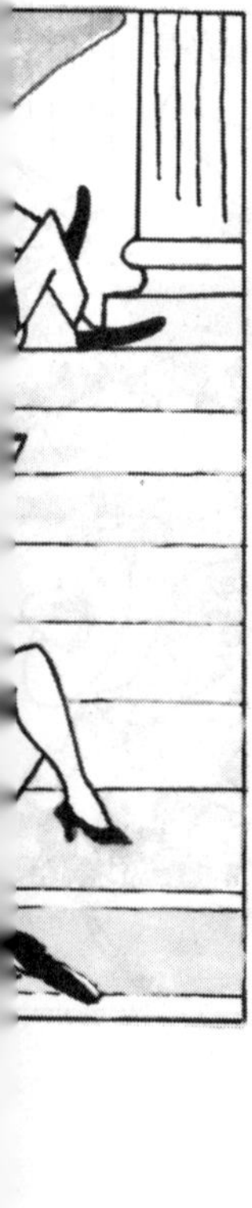

Gezielte Verteilung auf den einzelnen Stufen und genaues Einpassen der Mitwirkenden über den Sucher schafft durch raffinierte Perspektive einen geradezu artistischen Effekt. Die choreographisch wirkungsvolle Körperhaltung und das Arrangement der Mitwirkenden erfordert allerdings sehr viel Geduld und vor allem ein solides Stativ. Aber jeder wird zugeben, daß sich der Aufwand für so ein Gruppen-Pyramiden-Foto lohnt.

CAFE
CAFE

Links: Dieses lustige Bild könnte man betiteln: »Wie wir das Kriegerdenkmal von Clamotta klauen«. Eine solche Gruppenszene können auch Sie mit jedem Denkmal arrangieren, sofern der Sockel nicht zu hoch ist. Wichtig ist, daß alle Teilnehmer so tun, als ob sie laufen und schleppen. Außerdem muß der Sockel von den »Trägern« restlos verdeckt sein.

Unten: Das längste Kamel aller Zeiten – ein Gruppenbild, das etwas Mühe macht, die sich aber lohnt. Der kleine Trick: Jede Person wird einzeln auf demselben Kamel und im gleichen Abstand aufgenommen, also unbedingt mit einem Stativ. Die fertigen Abzüge klebt man nach dem hier gezeigten Muster zusammen und läßt das ganze sauber retuschieren und reproduzieren, damit jeder Mitwirkende einen Abzug bekommt.

5. Durch Tiere wird ein Bild erst schön!

Mensch und Maulesel:
Der reisende Mensch in Verbindung mit einem am Urlaubsort ansässigen Tier gehört mit Recht zu den beliebtesten Fotomotiven. Fast alle Eseltreiber am Rande des Mittelmeers sind im Umgang mit Touristenkameras bewandert und in der Lage, den hier vor dem Vesuv gezeigten »Zentauren-Effekt« zu erzielen.

Mensch und Tauben:
Aufnahmen mit Vögeln gelten allgemein als sehr gewagt und gefährlich. Auf die zutraulichen Tauben trifft das nicht zu. Die schönsten Fotos dieses Genres gelingen bekanntlich, wenn man sich Maiskörner ins Haar streut. Bei Toupet-Trägern können sich da urkomische Schnappschüsse ergeben.

Mensch und Hummer:
Wer als Schnorchler eine wasserdicht verpackte Kamera mit sich führt, findet unter der Meeresoberfläche viele lohnende Motive. Ein besonders triebhafter Hummer ist natürlich ein seltener Glücksfall.

Mensch und Löwe:
Wüstenkönige, die Foto-Safaris bedienen, sind sehr verspielt. Notfalls berufe man sich auf Dr. Grzimek. Sein Name hat in der Tierwelt guten Klang.

Mensch und Elefant:
Je größer ein Tier, um so eindrucksvoller das Urlaubsfoto. Wie man den hier gezeigten »Hartschädel-Effekt« bewerkstelligt, verrät die nächste Seite.

Für das umseitige, sehr repräsentative Foto, das Zeugnis von einer Indienreise und der Härte deutscher Schädel ablegt, benötigt man nur einen kleinen Klappstuhl, der allerdings ganz besonders stabil sein muß.
Auch empfiehlt sich ein Mindestabstand des Liegenden von Elefantenfußbreite, sonst könnte der fotografische Scherz durch einen Fehltritt des Dickhäuters leicht zunichte gemacht werden.

*

Vom Elefanten bis zum Floh bietet die Tierwelt unzählige Fotografiermöglichkeiten. Die vier- und mehrbeinige, oft stumme Kreatur ist als Staffage vor allem deshalb so beliebt, weil noch nie ein Tier um Übersendung einiger Abzüge gebeten hat.

Bingo am Nachmittag

Wanderer, kommst du nach England, wirst du dort Frauen finden, die den Teufel im Leib haben und von *einer* großen Leidenschaft besessen sind.

Diese Behauptung wird jeden Mann, der einmal oder gar öfter mit einer Tochter Albions zu tun hatte, zutiefst verwundern. Es handelt sich aber nur um den Spielteufel und die Wettleidenschaft.

Fast jede britische Hausfrau birgt in ihrem Busen (oder dort, wo er eigentlich sein sollte) ein vor dem Ehemann sorgfältig gehütetes Geheimnis: Die Gewinne und Verluste, die sie mit diskret vom Wirtschaftsgeld abgezweigten Einsätzen bei Glücksspielen oder Wetten erzielte.

Ein überraschender Einblick in das Wett- und Spieltriebleben der Insulanerinnen wurde mir geboten, als ich mit einem befreundeten Londoner Ehepaar im »Press Club« an der Fleet Street zu Mittag aß. Es war an einem Freitag, und die Dame war nur ein Versuch: Am Schwarzen Brett machte die Klubleitung nämlich bekannt, daß die Mitglieder »versuchsweise freitags Damen unterhalten dürfen«. (Wörtlich stand da »to entertain ladies«.) An allen anderen Tagen ist der Zutritt für Damen nach wie vor verboten. Sie müssen sich selber unterhalten.

Rein zufällig kam das Gespräch auf die Wettleidenschaft der Briten. Die beiden gaben sich als Fast-garnicht-Wetter aus und berichteten, auf was hierzulande alles gewettet wird: Väter setzen Geld auf ihre ungeborenen Kinder (ob Junge oder Mädchen, ob über oder unter sechs Pfund, ob Zwillinge oder Drillinge), Mütter wetten auf den Zukünftigen ihrer Tochter und den nächsten Scheidungstermin Liz Taylors, rheumatische Opas schließen Wetten auf das Wetter der nächsten Woche ab und in Ehren ergraute Spinster setzen auf Windhunde. Millionen solcher Wetten nimmt der in einem riesigen Verwaltungspalast an der Themse residierende Buchmacher William Hill jährlich an.
Nachdem man mir eine Menge schier unglaublicher, typisch englischer Wett-Anekdoten erzählt hatte, landeten wir bei den Pferdewetten. Da griff, es war fünf Minuten vor zwei, mein Tischgenosse Schirm und Melone (nicht im Sinne von Obst, sondern von Hut) und verabschiedete sich: »Ich muß jetzt zurück ins Büro! Unterhalten Sie meine Frau noch ein bißchen – good bye!«
Kaum war er draußen, sagte die verbliebene Gattin: »Ich wette mit Ihnen um ein Pfund, daß er nicht in sein Büro geht, sondern ins Wettbüro an der nächsten Ecke.« Anstandshalber mußte ich ein Pfund dagegen setzen.
Daraufhin zog die Dame eine ganz klein zusammengefaltete Turf-Zeitung aus dem Handtäschchen, glättete sie und bat mich, zum Wettbüro hinüberzugehen. Falls ihr Mann dort sei und sie damit also

unsere Wette gewonnen hätte, sollte ich ihr gewonnenes Pfund auf das Pferd »Floradore« setzen, das kurz nach zwei zu irgendeinem großen Preis startete.

Ich fand den Ehemann tatsächlich im Wettbüro, eingekeilt zwischen über hundert Männern und Gentlemen, die im verqualmten Raum vor den Schaltern auf Resultate warteten, die Pfeife im Mund, die Rennzeitung vor der Nase, die Lautsprecher-Durchsagen im Ohr und das Wettfieber unter der Weste.

»Nanu, wetten Sie auch?« begrüßte mich etwas geniert der angeblich ins Büro Gegangene.

»Ja«, sagte ich, »ein Pfund auf Floradore, um meine Reisekasse aufzubessern!«

Mir wurde dringend abgeraten: »Wer gab Ihnen diesen blödsinnigen Tip? Ich habe drei Pfund auf Hannibal gepackt, der ist so sicher wie die Bank von England!«

So sicher scheint die nicht zu sein, denn fünf Minuten später konnte ich mir dank »Floradore« drei Pfund am Schalter abholen, genausoviel, wie mein Freund verlor. Er trug es mit britischer Gelassenheit und sagte: »Jetzt muß ich aber wirklich ins Büro. Verraten Sie meiner Frau bitte nicht, daß Sie mich hier gesehen haben. Sie haßt die Wetterei!«

Ich lächelte besserwissend und ging in den »Press Club« zurück.

Diskret steckte ich meiner Wettgenossin die drei Pfundnoten zu und begehrte zu wissen, wo sie den Tip, der sicherer als die Bank von England war, her hatte.

»Vom Milchmann!« sagte sie, als sei es das Selbstverständlichste von der Welt. Staunend erfuhr ich, daß fast alle englischen Milchmänner heimliche Buchmacher sind. Ihr Wettbüro ist die Milchflasche: Die Hausfrauen stecken frühmorgens ihre Tips in die leeren Flaschen, die sie vor die Tür stellen. Äußerlich sehen diese Zettel aus wie Milchbestellungen, aber sie haben es in sich.

Plötzlich guckte meine Gesprächspartnerin nervös auf die Uhr und sprang auf: »Halb drei! Höchste Zeit für Bingo! Kommen Sie mit?«

Da bin ich natürlich mitgegangen, zum Mecca-Bingo-Palast in der Maida Vale. Er ist nur einer von den vielen ehemaligen Ballsälen Londons, die sich auf das Inkasso von Wirtschaftsgeld spezialisiert haben, aber auch lockende Gewinne ausschütten.

Hausfrauen im besonders spielfreudigen Alter zwischen vierzig und sechzig hasteten auf den Eingang zu.

Das Glücksspiel-Etablissement war natürlich, wie fast alles in England, was eine Tür hat, ein Club. Meine Begleiterin trat als Bürgin für mich auf. Die mißtrauisch äugende Dame an der Kasse schob mir ein Formular hin, auf dem ich ihr schriftlich geben sollte, daß mein Alter mehr als 18 Jahre betrug. Als Kriegsteilnehmer von 1939 fühlte ich mich sehr geschmeichelt.

»Mitspielen dürfen Sie aber erst morgen, das Gesetz verlangt es so.« Als ob ich bis dahin reifer fürs Spiel würde!

Meine Amateur-Schlepperin (so nennt man Leute,

die harmlose Touristen in Spielhöllen locken) kaufte ein Dutzend zahlenbedruckte Bingo-Blocks. Dann traten wir ein in das Mekka gewinnsüchtiger Hausfrauen.

Im pompösen Saal war ich unter etwa fünfhundert Matronen der einzige Mann – von einem agilen, auf der Bühne tätigen Herrn abgesehen, für den ich aber meine Hand nicht ins Feuer legen möchte. Er langte in einen großen Plexiglasbehälter, in dem numerierte Kugeln mittels Preßluft durcheinandergewirbelt wurden, und fing eine heraus. Er rief die Zahl in den Saal und kleidete sie in einen Knittelvers, der sinngemäß übersetzt etwa so lautete:

»Sechsunddreißig – die Hausfrau ist fleißig!«

Es folgte:

»Zweiundvierzig – die Suppe ist würzig!«

Und dann der in meiner Nachdichtung besonders geglückte Vers:

»Zweiundsechzig – was sich liebt, das neckt sich.«

Der lyrische Scherz wurde von den anwesenden Damen, die sicher schon seit langem nicht mehr geneckt wurden, kichernd und beifällig aufgenommen.

Meine Bingo-Freundin schob mir einige der mit jeweils fünfzehn Zahlen versehenen Karten zu, damit ich die aufgerufenen Nummern ausstrich, falls sie drauf waren. (Jede Karte im Saal hat eine andere Kombination aus den Zahlen zwischen 1 und 100. Wer als erster fünfzehn aufgerufene Zahlen auf einer Karte hat, kassiert den Hauptgewinn.)

Die Kugeln wirbelten, immer wieder griff der Ver-

Wenn der Glücksschrei »House!« *(wird wie »Haus« ausgesprochen und bedeutet das auch) durch den Bingosaal gellt, richten sich die neiderfüllten Blicke von einigen hundert Mitspielerinnen*

auf die Haus-Frau, der das Zahlenglück so kräftig zulächelte. Den Verliererinnen bleibt aber die Hoffnung auf das vom Sprichwort für solche Fälle garantierte Glück in der Liebe.

seschmied in die Lostrommel und kalauerte sich eins.
Verbissen starrten fünfhundert vom Spielteufel besessene Untertaninnen Elisabeths auf ihre Zahlenkombination und genossen den Nervenkitzel nicht abreißender guter Hoffnung. Das Lustgefühl beim Abstreichen einer Nummer drückte sich überdeutlich auf den Gesichtern aus.
Bei dem besonders hübschen Reim:
»Zweiundneunzig – wer hält einen Freund sich?« ertönte hinter mir der gellende Schrei »HOUSE!« Die Glückliche hatte ihre fünfzehn Nummern voll und kassierte etwas über hundert Mark.
Als ich beim nächsten Spiel fleißig Zahlen durchkreuzte, trat von hinten eine korpulente Dame an mich heran, stellte sich als »security officer« vor und schnarrte: »Sie dürfen erst ab morgen mitspielen! Das ist Gesetz!« Darauf meine Nachbarin: »Der Herr spielt nicht, er hilft nur beim Ankreuzen meiner Karten!« Damit war dem Gesetz auf typisch englische Art Genüge getan.
In der nach dem sechsten Spiel eingelegten Teepause verzichteten viele Teilnehmerinnen auf das Nationalgetränk und standen Schlange an drei Spielautomaten, die hinten im Saal auf Hartgeld warteten. Aber auch da gab es eine Vorschrift: Jede Spielwütige durfte nur zehnmal hintereinander Geld einwerfen und am Hebel des »einarmigen Banditen« reißen. Die meisten rannten dann wieder ans Ende der Schlange, um sich erneut anzustellen. Mit dieser Leibesübung verging die Pause wie im Fluge.

Nach der Pause prasselten weitere Zahlen und Verse auf uns nieder. Als der letzte »HOUSE!«-Schrei ertönte, hatte meine Spielgefährtin rund siebzig Mark gewonnen. Zusammen mit den drei »Floradore«-Pfunden hatte sie ihr Wirtschaftsgeld heute also um hundert Mark aufgestockt.

Die Hausfrauen packten hastig ihre Einkaufstaschen und strömten aus dem Spielhimmel. Die Gewinnerinnen eilten ins nahe gelegene Warenhaus, um sich einige lang gehegte Wünsche zu erfüllen. Die anderen sparten die Spielverluste beim Lebensmitteleinkauf wieder ein. Oder versuchten, im Wettbüro an der nächsten Ecke aus einem nichtsahnenden, hinter einem falschen Hasen herrasenden Windhund etwas herauszuholen. Denn bei Bingo-Schluß beginnen die Windhundrennen auf allen Bahnen Londons.

Die Freundes-Gattin, die mich auf so charmante Weise in britische Spiel- und Wettgeheimnisse eingeführt hatte, wollte schnellstens nach Hause. Sehr triftiger Grund: Gewitzte Einbrecher räumten schon mehrfach Wohnungen aus, weil sie die Hausfrau beim Bingo-Spiel wußten.

Auf dem Heimwege zum Hotel kam ich am riesigen Verwaltungsgebäude William Hills vorbei, des größten Buchmachers der Welt. Durch die Parterrefenster konnte ich die siebenhundert Telefonistinnen beobachten, wie sie pausenlos telefonische Wetten annahmen.

Nach vorsichtigen Schätzungen läuft ein Viertel des von den Töchtern Albions verwalteten Haushalts-

geldes durch dieses Wettbüro und ähnliche Institutionen. Bei manchen kehrt es vermehrt zurück und finanziert einen Hut, ein Kleid oder gar die Sommerreise. Den meisten bleibt nur der gehabte Nervenkitzel. Aber der ideelle Wert dieser Erregung ist bei der bekanntlich nicht sehr großen Breite des britischen Gefühlslebens gar nicht hoch genug einzuschätzen. Ganz England wettet, und ich möchte wetten, daß auch die Königin fest mitwettet.
Wanderer, kommst du nach England: So viele Möglichkeiten, die Reisekasse aufzubessern und dadurch länger bleiben zu können, gibt es nur noch in Las Vegas. Aber in London bleibt sich's angenehmer.

Das Bizeps-Festival von London

Wann ist ein Mann besonders schön? Wie mißt man diese Schönheit? Und wie wird man zum amtlich beglaubigten »Schönsten Mann der Welt?« Um diese für jeden körperbewußten Menschen hochinteressanten Fragen beantworten zu können, fuhr ich über den Kanal, denn in London fand mal wieder die Wahl des »Mr. Universum« statt. Der Gefahr, daß man mich auf die Bühne zerrte und mit dem Siegeslorbeer krönte, sah ich gefaßt ins Auge. Aber diese Gefahr witterte außer mir selber wohl niemand.

Unter der Wahl des schönsten Mannes der Welt stellt sich der Laie ein Ereignis von großem gesellschaftlichem Glanz vor, an dem viele Filmstars und womöglich sogar die englische Königin teilnehmen, zumindest aber Prinzessin Margaret. Deshalb gab ich bei meiner Ankunft in London sofort den Smoking zum Aufbügeln, damit er auf dem großangekündigten Schlußball neben den Produkten der berühmten englischen Schneider bestehen konnte.

Als ich um zehn Uhr vormittags das Royal-Hotel betrat, in dem die Titel-Anwärter aus zwanzig Nationen untergebracht waren, standen in der Halle typische Rausschmeißergestalten in Rollkragenpullovern, Windjacken oder Sweatshirts, die von

gewaltigen Brustkästen bis zum äußersten gespannt waren. Dienten diese Gorillatypen etwa den schönsten Männern der Welt als Leibgarde, um sie vor dem Ansturm schönheitsdurstiger Verehrerinnen zu schützen?
Aber nein! Der Portier verriet mir die nackte Wahrheit: Die kraftstrotzenden Catcherfiguren waren die aus aller Welt herbeigeeilten Aspiranten auf den Titel des Mister Universum.
Ich brannte natürlich darauf, diejenigen Männer kennenzulernen, die hier mit ihrem Körper die Farben der Bundesrepublik vertraten und geriet an Herrn Sippel, der mit den zwei deutschen, von ihm gemanagten »Mr. Universum«-Aspiranten an der Bar stand.
Herr Sippel ist Herausgeber und Verleger des Magazins »Sport und Kraft« sowie Inhaber einer Firma, die alle zur Muskelerzeugung nötigen Artikel vom Hantel-Sortiment bis zum proteinhaltigen Athleten-Kraftfutter in Dosen vertreibt. Außerdem ist er an Bodybuilding-Studios beteiligt. Die vertikale Gliederung und Verflechtung in der Schöne-Männer-Industrie braucht einen Vergleich mit der Schwerindustrie nicht zu scheuen.
Von meinen muskelbepackten Landsleuten erfuhr ich sehr viel Interessantes über Sinn und Zweck des Bodybuilding. Vor allem, daß viel Idealismus dazugehört. Kein Wunder bei einem Sport, der teure Geräte sowie Kraftnahrung erfordert und im Erfolgsfalle wegen anomaler Schulterbreite nur noch kostspielige Maßkleidung erlaubt.

Die deutschen Körperkulturschaffenden begaben sich in die Kellergarderoben, denn in wenigen Minuten sollten die Vor-Ausscheidungen der schönsten Körper beginnen. Die Luft, die mir aus dem Keller entgegenschlug, war danach. Dampfende Athleten rissen Expander, schwangen Hanteln, stöhnten im Liegestütz am Boden und machten an den Rohrleitungen, die sich unter der Kellerdecke entlangzogen, Klimmzüge. Weshalb diese umständlichen Vorbereitungen zu einem Wettbewerb, bei dem man nur seinen nackten Körper vorzuzeigen brauchte? Mr. Germany erklärte mir, daß die Muskeln vor dem Auftrittsakt aufgewärmt und gereizt werden müssen, um sie in ihrem ganzen Glanz sichtbar zu machen. Man nennt das im Fachjargon »Aufpumpen«.

Die ersten zwanzig frisch aufgepumpten Bewerber wurden in den Ballsaal des Hotels gerufen, wo sie von einer aus sieben älteren Herren bestehenden Jury erwartet wurden.

Die Mitglieder der Jury, laut Programmheft durchweg alte PC's (Abkürzung für »Physical Culture«), verschafften sich zunächst einen allgemeinen Überblick, indem sie die Anwärter von vorn prüften. Dann ließen sie kehrtmachen, um die Rückenpartien zu begutachten. Dabei wurden besonders scharfe Maßstäbe angelegt.

Einigen Herren der Jury wurde es bereits warm, sie zogen die Jacken aus.

Um ein Maximum an Muskelspiel zeigen zu können, trugen die Titel-Aspiranten nur das unbedingt notwendige, nummerngezierte Hosenminimum.

Nacheinander stiegen die vorgewärmten Muskelpakete auf eine Kiste, um zu »posen«. So lautet der Fachausdruck für das wirkungsvolle Vorführen sämtlicher Muskelpartien. Es gibt Frontal-, Seiten- und Rückenposen. Am beliebtesten sind Stellungen nach klassischen Bildwerken. Eine neben mir sitzende Dame war so freundlich, mich im wahren Genuß eines schönen Männerkörpers zu unterweisen: »Sie müssen die Posen so betrachten, wie man ein Kunstwerk im Museum ansieht!« Ich glaube kaum, daß sie das tat.

Was da auf der Kiste gezeigt wurde, war eine Abnormitätenschau. Die Bizepse waren meistens dicker als der Kopf ihrer Besitzer. Ein Malaie machte aus seinen Schultermuskeln artischockenähnliche Gebilde. Ein Italiener erreichte durch Einziehen des Magens einen Effekt, als sei ihm soeben eine Kanonenkugel in den Leib gefahren. Die Bauchmuskulatur eines Engländers sah aus wie ein kreuzweise verschnürter Kalbsnierenbraten.

Ein seltsames Phänomen der Rückenmuskulatur zeigte der Inder Chakrabarthy: Wenn er seine Kehrseite spielen ließ, entstanden deutlich sichtbar die Züge eines großen deutschen Politikers. Viele Bewerber verstanden es, durch geschickte Brustmuskelbewegung den Eindruck zu erwecken, daß eine Maus unter der Haut entlanglief.

Das Publikum von etwa zweihundert der Körperkultur nahestehenden Damen und Herren, zumeist Verwandte oder den Auftretenden in Freundschaft Verbundene, klatschte immer wieder Beifall.

Die Poseure rangen die Hände vorne, sie rangen die Hände hinten, oben, unten, sie stöhnten und schwitzten, um ihre Muskelwucherungen optisch eindrucksvoll darzubieten. Leider ließ der Gesichtsausdruck der Muskeldarsteller oft zu wünschen übrig und drückte alles andere als glückliche Harmonie von Geist und Körper aus. Die meisten Posen sahen aus wie Verzweiflungsakte. Die Bewerber bibberten mit Bizeps, Trizeps und allem, was es sonst noch in der Anatomie gibt, um den begehrten Titel zu erringen. Denn wenn sie den hatten, war die Firma, deren Geräte und Kraftfutter sie benutzten, um einen Propagandaschlager reicher.

Jeder Kandidat wurde, wenn er sein Schau-Nümmerchen von einer Minute Dauer auf der Kiste absolviert hatte, vor eine am Saalende aufgespannte grauweiße Leinwand gebeten. Dort waltete Monsieur Grégoire Arax in lindgrüner Strickweste seines Amtes. Arax fotografierte jeden Muskelprotz von vorne und hinten. Als Lichtbildner anders als die andern, hat er sich seit dreißig Jahren auf die Bromsilberwiedergabe erlesener Männerkörper spezialisiert. An solche Fotos werden besonders hohe Ansprüche gestellt. Der agile, grauhaarige Meister der scharfen Linse war extra aus Paris herübergekommen, wo er am Boulevard Raspail das größte Archiv diesbezüglicher Fotos besitzt.

Zwei Stunden lang wickelten die titelsüchtigen Prunkkörper schwitzend und stöhnend ihre Posen-Kür ab. Ich hätte nie geglaubt, daß männliches Dastehen so anstrengend sein kann, und war heilfroh,

Bei der verantwortungsvollen Aufgabe, den wirklich schönsten Mann der Welt zu finden, legte die Jury allerschärfste Maßstäbe an. Wenn zwei Bewerber gleich schön zu sein schienen, gab man

als eine Mittagspause eingelegt wurde. Weniger froh darüber, ja, geradezu verzweifelt waren die beiden noch nicht drangekommenen deutschen Bewerber. Sie hatten sich bis zur letzten Muskelfaser aufgepumpt und mußten sozusagen die ganze Luft wieder ablassen.

Daß diese hochentwickelten Muskelpakete sehr empfindlich sind und sorgsam gepflegt werden müssen, war der deutschen Fachzeitschrift zu entnehmen, die ich in der Pause durchblätterte. Dort

sich alle Mühe, kleine Unterschiede zu entdecken. Eine minimale Schwellung mehr an der richtigen Stelle konnte den Sieg bedeuten und den Besitzer berühmt machen.

standen als Anweisung für Stunden außerhalb des Trainings folgende richtungweisende Maximen:
Gehe nicht, wenn du fahren kannst!
Stehe nicht, wenn du sitzen kannst!
Sitze nicht, wenn du liegen kannst!
So beherzigenswert gerade der letzte Satz in vielen Lebenssituationen sein mag – wer hätte das von den Muskelprotzen gedacht! Sogar das Sitzen schwächt sie!
Im Inseratenteil wurden Gegenstände angeboten, die

einer breiten Öffentlichkeit leider viel zu wenig bekannt sind. Ich zitiere:
»Durch unsere Handroller bekommen Sie einen unwahrscheinlich festen Händedruck, wodurch Sie in der Achtung Ihrer Freunde steigen!«
»Schwinghanteln verleihen Ihrem Rücken Wucht!«
Achtung der Freunde und Wucht im Rücken – mehr kann man nicht verlangen.
In einem halbseitigen Inserat wurde ein »Herkules-Kraftständer« angeboten. Für 400 DM – aber das ist er auch wert. So ein Dings gehört in jeden Bodybuilder-Haushalt und dient zum Ablegen der Hanteln und Geräte, damit sie nicht in der Wohnung herumrollen.
Am Ausgang des Saales lernte ich den Organisator des Muskel-Festivals kennen, Herrn Oscar Heidenstam (sprich: »Haidenstähm«). Er ist Chefredakteur eines britischen Kraftmeier-Magazins, das nebenher alle zum Muskelaufbau nötigen Artikel vertreibt. Also noch ein Idealist, der sich uneigennützig in den Dienst der Schönheit stellte. Herr Heidenstam lud mich zum abendlichen Festdiner ein, das alle am schönen Mann interessierten Kreise mit den Anwärtern auf den Titel des Mister Universum vereinen sollte.
An langen, festlich gedeckten Tischen saß ich zwischen den schönsten Männern der Welt, fand aber keinen rechten Kontakt. Man sprach über so spezielle Dinge wie die Kräftigung des Latissimus-Muskels, dessen Lage ich nicht kenne, der aber hoffentlich gesellschaftsfähig ist.

Wohin ich auch sah, umgaben mich gutmütige Muskelmänner. Meinem Nachbarn guckte ein Micky-Maus-Heft aus der Tasche, eine in diesen Kreisen außerordentlich beliebte Lektüre.

Nach dem Essen schlug der Präsident der britischen Bodybuilder dreimal auf den Tisch, hob sein Glas und rief den vierhundert Gästen zu: »I give you the Queen!« Meine Kenntnisse der englischen Sprache erlaubten mir, das mit »Ich gebe Ihnen die Königin!« zu übersetzen. Alles erhob sich, die Tür ging auf – es kam aber nur eine Kellnerin herein. »I give you the Queen!« ist die landesübliche Formulierung des Toasts auf die Königin, mit dem jede Veranstaltung eröffnet wird.

Statt der Landesmutter erschien unter großem Beifall der »Vater des Gewichthebens«. Als solcher wurde ein rüstiger alter Herr namens Bob Hoffman begrüßt. Er kam aus den USA, trug acht verschiedene Vereinsabzeichen am Rockaufschlag und verkündete, daß er in seiner Heimat für die Anerkennung des Bodybuilding als olympische Disziplin kämpfen wolle. Ich nehme an, daß auch Herr Hoffman einen Hantel- und Kraftnahrungsvertrieb hat.

Oscar Heidenstam ergriff das Wort und stellte mit Bedauern fest, daß in diesem Jahr von Konkurrenz-Organisationen bereits ein halbes Dutzend »Mister Universum« gewählt wurde. Der hier in London Gekürte sei natürlich der einzig Authentische. Er verdammte die anderen in Grund und Boden, um abschließend auf die völkerverbindende und dem Frieden dienende Kraft des Bodybuilding hinzuweisen.

Zum »Mister-Universum-Festball« im Royal-Hotel brauchte ich meinen Smoking nicht. Man tanzte in Straßenanzügen, aber auch in Hemdsärmeln und Pullovern. Wer nicht wußte, daß es sich hier um den Ball der schönsten Männer der Welt handelte, mußte die Veranstaltung für ein Meeting der Londoner Möbelpacker halten.

Die meisten Bodybuilder standen mit Biergläsern in der Faust herum und wußten mit ihrem Luxuskörper nichts Rechtes anzufangen.

Die schönen Männer waren müde. Sie hatten zuviel gepost, und im Anzug kam ihre Schönheit auch nicht mehr so recht zur Geltung.

Die wenigen, die eine Dame über das Parkett schoben, stampften gegen jeden Rhythmus an. Die schönsten Männer der Welt können vor lauter Kraft nicht tanzen.

Enttäuscht verließ ich das Fest.

Bei soviel Sex vergeht die Lust

Wie haben Freunde und Bekannte mich beneidet, ich von der Redaktion zwecks Berichterstattung zur größten Porno-Messe der Welt nach Kopenhagen geschickt wurde, nach Pornomark, wie das sahnereiche Dänemark von bösen und unbefriedigten Zungen neuerdings genannt wird!
Zum Neid war aber nicht die geringste Ursache, denn alles, was da gezeigt wurde, war ein uralter Hut, nur daß dieser alte Hut noch nie so haargenau und aus sämtlichen Blickwinkeln dargeboten wurde. Ein und derselbe Vorgang, der seit Adam und Eva allgemein bekannt sein dürfte, wurde in vielen tausend scharfgestochenen, stehenden oder bewegten Bildern präsentiert. Und zwar so, daß einem halbwegs sensiblen Menschen einiges für einige Zeit vergehen konnte. Mit Sex hatte das überhaupt nichts zu tun, denn Sex kann sehr lustig sein, Porno ist dagegen etwas furchtbar Trauriges. Nach dem Besuch der »Sex-Messe 69« war ich nicht etwa angeregt, sondern zutiefst deprimiert. Doch ich will die Geschichte nicht vom Schwanz her aufzäumen und schön von vorne anfangen.
Als ich dem Kopenhagener Taxifahrer etwas geniert die Sex-Messe als Fahrtziel nannte, lachte er auf und gestaltete ganz schnell mit Hilfe seiner zehn Finger

eine ziemlich abstrakte, aber dennoch klare und volksnahe Darstellung des Vorgangs, der dieser Messe zugrunde lag.

Die Taxe setzte mich am Ende der viele hundert Meter langen Menschenschlange ab, die voll hochgespannter Erwartungen vor der Ausstellungshalle auf Einlaß wartete. Gut neunzig Prozent waren Männer, die meisten allerdings erst seit ganz kurzer Zeit. Herren sah ich keine, und was an Weiblichkeit in der Schlange stand, war kaum als Damen zu bezeichnen.

Auf dem Parkplatz stauten sich die Wagen mit bundesdeutschen Nummern. Sogar ein Kleinbus aus dem bayerischen Wallfahrtsort Altötting hatte den weiten Weg nicht gescheut, um hier Genaueres über die vielfältigen Möglichkeiten der Sünde zu erfahren.

Die Eintrittskarte kostete sechs Mark und wurde von einem mißmutigen Türhüter nicht gelocht, sondern lustlos abgerissen.

Das erste, worauf mein Blick in der Vorhalle fiel, war ein mehrere Quadratmeter großes, stark rot- und lilastichiges Farbfoto, das eine ganz spezielle Art des Lustgewinns wiedergab. Mehr läßt sich schwer sagen. Daneben befand sich ein Stand mit Bockwürsten, die von den weiblichen Betrachtern des Bildes dennoch mit Appetit zum Munde geführt wurden.

Etwas weiter stand in Riesenlettern die rätselhafte und nur schwer erfüllbare Forderung an der Wand »22 Geschlechter sind nicht genug!« Leider wurde ich im Gedränge abgetrieben und konnte nicht erfahren, was an diesem überfüllten Ausstellungsstand zur Untermauerung der seltsamen Forderung geboten wurde. Trotz schärfsten Nachdenkens bekam ich keine 22 zusammen, aber einige Schritte weiter wurde mir eine überlebensgroße 69 in fotografischer Wiedergabe geboten, ein Hinweis auf das Jahr, in dem die erste Porno-Messe der Welt stattfand.

Im Riesenoval der zweckentfremdeten Sportarena, wo dicht an dicht die Stände der Porno-Industrie aufgebaut waren, schien man jedenfalls mit zwei Geschlechtern sehr gut auszukommen. Im Gewühl der Lustsucher schob ich mich an den reichbebilderten Kojen vorbei und glaubte immer wieder, meinen Augen nicht trauen zu dürfen, mußte es dann aber doch.

Die Liebe zum Detail feierte in meterhohen Standfotos und reichbebilderten Sex-Magazinen wahre Orgien. Der Blickwinkel entsprach meistens dem Gesichtskreis, den eine im WC-Abfluß verborgene Kamera abzuschwenken in der Lage wäre. Wer will das denn so genau sehen? Anscheinend viele, wie die ständig steigenden Exportzahlen der einschlägigen Bildproduzenten beweisen.

Projektionsapparate warfen in rascher Folge immer neue Farbdias mit sich verlustierenden (oder berlinisch »sich phallustierenden«) Paaren an die Wände. Die Hochleistungsprojektoren ermöglichten blitzschnellen Stellungswechsel, der das Herz so manches Militaristen höher schlagen ließ. Dabei fiel mir jener Witz ein, der in der Zeit der großen

Arbeitslosigkeit nach dem Ersten Weltkrieg in Berlin kursierte: Ein Arbeitsloser kommt strahlend nach Hause und ruft schon in der Tür seiner Frau zu: »Emma, ich habe eine neue Stellung!« Darauf Emma: »Du solltest dir lieber Arbeit suchen!«
Für Anspruchsvolle, die ihr visuelles Lustbedürfnis nicht nur an Standfotos befriedigen wollen, gab es bei den Schmalfilm-Herstellern Angebote in jeder Länge. Die »Marmalade-Film-Corporation« fand das Ei des Columbus im Ein-Minutenfilm, den man als endlose Schleife in den heimischen Projektor einlegen kann und der, wenn er aufhört, sofort wieder anfängt. Dieser Effekt wurde im Prospekt sehr geschickt gepriesen: »Stundenlang sind Sie unter pikantem Einfluß – ohne Unterbrechung!« Letzteres möchte ich bezweifeln.
Der Schlager der Messe waren jedoch die »Pornofon-Filme«, also derselbe sattsam bekannte Vorgang, aber mit Musik und allen anfallenden Geräuschen. Eingekeilt in eine stumpf stierende Menschenmenge, wurde mir ein Filmerlebnis zuteil, das ich gerne mit meinen Lesern teilen will:
Es begann damit, daß unter Düsengedröhn eine Passagiermaschine der SAS zur Landung ansetzte. Außer der ziemlich eindeutigen Form des Rumpfes war nichts Unanständiges dabei. Nach der Landung hüpfte ein elegantes Paar die Gangway hinunter, und nun folgten in rascher Schnittfolge das Besteigen einer Taxe, Hoteleingang, Zimmer, erster Zärtlichkeitsabtausch, Total-Strip, Vorspiel »con brio«. Dazu sang aus unerfindlichen Gründen ein Kinder-

Diese von höherer Warte nach der Natur gezeichnete Ausdrucks-Studie zeigt die Betrachter des Porno-Farbfilms »Im Taumel der Lust« an einem Verkaufsstand der Kopenhagener Sex-Messe. Die bis ins Detail vorgeführte Lust ist nämlich gar nicht lustig.

chor das zu Herzen gehende Lied »Kleine Kinder, kleine Sorgen, und ein Haus voll Sonnenschein«.
Als die beiden Protagonisten dann das, worum die ganze Messe sich drehte, kameragünstig in Angriff nahmen, wurde das Auf und Ab der Handlung vom Franz-Liszt-»Liebestraum« untermalt, je nach Situation geklimpert oder geblasen. Eingeblendete Lautmalereien aus dem Munde der Darsteller rundeten das Klanggemälde nach unten ab. Großaufnahmen ließen den Beschauer manchmal die Orientierung verlieren und erinnerten an den Vers aus dem »Taucher« von Schiller: »Da unten aber ist's fürchterlich!«
Als die Verrichtung (anders konnte man das kaum nennen) sich ihrem Höhepunkt näherte und die Bewegungen einen gewissen Rhythmus bekamen, wurde dieser von einem großen Tanzorchester mit hart skandierendem Schlagzeug aufgenommen, dazu sang ein Schnulzenbariton von der Liebe, welche wie ein Traum sei. Niemand lachte. Auch nicht, als der Film ganz kurz mit doppelter Geschwindigkeit lief. Und dann rauschten, genau im richtigen Moment, die hehren und ursprünglich wohl nicht für diesen Zweck gedachten Klänge von Beethovens »Eroica« auf. Da muß der Produzent wohl ein »t« hineingelesen haben. Ende des Films.
Rund um mich herum wurde alles wieder zehn Zentimeter kleiner. Während der Schlußszene hatten sich nämlich sämtliche Zuschauer auf die Zehenspitzen gestellt, um das Filmerlebnis bis zur unteren Bildkante auszukosten.

Mit dem beruhigenden Gefühl, »mehr kann man nun wirklich nicht zeigen«, ließ ich mich weiter durch die Porno-Show schieben und wurde bald eines Besseren belehrt: Da gab es Filme, in denen sich mehr als zwei aneinander betätigten. In den fürchterlichen Knäueln war nur schwer auszumachen, was zu wem gehörte. »Sein oder nicht sein«, die klassische Frage des Dänenprinzen Hamlet, drängte sich immer wieder auf. Das Überraschende an allen skandinavischen Farbfilmen war übrigens, daß die Agierenden keine FKK-Anhänger waren. Man sah es an der Bräune, die immer da aufhörte, wo die Filmhandlung anfing.
Langsam hingen mir die so überreichlich dargebotenen Geschlechtsmerkmale fremder Leute zum Halse heraus, und ich war heilfroh, als vor mir der Stand des Juweliers Larsen auftauchte, wo auf schwarzem Samt klitzekleine Schmuckstücke und Halskettchen blitzten. Was hatte das mit der Porno-Messe zu tun? Die Verkäuferin lächelte mich an, hob zwei kleine Anhänger hoch ... es waren nackte Figürchen, die das Mädchen mit geschickten Fingern zu bewegen und zu vereinigen wußte, ein kleines Wunderwerk an Präzision.
Für jeden Geschmack wurde unendlich viel geboten. Besonders großes Gedränge herrschte bei den Firmen, die sich auf eine Kundschaft spezialisiert hatten, die zur Liebe Peitschen, Handschellen, Ketten und Folterwerkzeuge benötigt. Die bebrillte Verkäuferin im weißen Hosenanzug pries einem einschlägig veranlagten Herrn eine »neunschwänzige

Katze« mit den Worten an: »Da haben Sie was fürs Leben!« Na ja.
Sogar ein richtiges Schaffott wurde angeboten. Man sollte aber private Hinrichtungen nur vornehmen, wenn man einen sehr guten Rechtsanwalt hat.
In Selbstbedienungs-Spezialgeschäften gab es kleineres und größeres Zubehör sowie ein reiches Sortiment von Ersatzteilen.
Und wenn's schließlich nur noch zum Lesen langt: Bücher mit so zugkräftigen Titeln wie »Der fleißige Herr Mastbaum«, »Mein Bett ist meine Burg«, »Drei Schwestern und dazu die Mutter« brachten für jeden etwas.
Vom Überangebot ermüdet, ließ ich mich in einer der ansteigenden Sitzreihen der für ganz andere Sportarten gebauten Halle nieder. Da wurde über Lautsprecher das »Große Sex-Kabarett« angekündigt. Ich saß genau richtig mit Blick auf die Bühne, deren Dekoration aus etwas bestand, das man bei einigem guten Willen für die Münchner Frauentürme halten konnte.
Davor rollte nun ein Programm ab, das die bis an den Rand mit Porno gefüllten Zuschauer zutiefst enttäuschte. Was war das schon, wenn eine busenbibbernde »Oben ohne«-Damenkapelle nur Musik machte? Der Name »Ladybirds« hatte mehr versprochen. Und daß ein Zauberer eine Nummer mit Vögeln vorführte, die er aus den eigenhändig heruntergerissenen Kleidungsstücken seiner Partnerin aufflattern ließ, gehörte auch nicht unbedingt hierher. Eine pikante Anspielung war höchstens aus

dem von »Papa Blues Band« hervorragend geblasenen Schlager »Have a banana saturday night« herauszuhören.
Als ich die Messehalle verließ, fühlte ich mich keineswegs bereichert, sondern eher beklaut.
Tieftraurig sahen auch alle anderen aus, die mit mir der größten Porno-Show aller Zeiten den Rücken kehrten. Die Neuankömmlinge am Kassenschalter lachten noch. Beim Rausgehen lachte keiner mehr.
Nach den ewig gültigen Gesetzen der Weltgeschichte müßte das Pendel in absehbarer Zeit nach der entgegengesetzten Seite ausschlagen, nämlich zur totalen Prüderie. Vielleicht erleben wir noch, daß fanatische Sittenwächter alle Obeliske und Zwiebeltürme abtragen und daß Leute, die über Gliederreißen klagen, als Sittenstrolche ins Gefängnis gesteckt werden. Doch bis dahin wird noch viel Buntes aus Dänemark in die bundesdeutschen Post- und Abholfächer fließen.

Die Nacht der schnellen Männer

Die »24 Stunden von Le Mans« stehen in dem Ruf, das härteste und für die Zuschauer amüsanteste Autorennen der Welt zu sein. Gute Freunde hatten mir hinter vorgehaltener Hand verraten, man könne nirgends besser als an dieser Rennstrecke die das Triebleben anregende Wirkung von Motorenlärm beobachten. Und: Le Mans sei nur ganz nebenher ein Kampf der Motoren, in der Hauptsache aber ein sinnenfrohes Volksfest.

Das Gefährlichste an jedem Autorennen ist bekanntlich die An- und Abfahrt der motorisierten Zuschauer. Ich habe an einem glutheißen Wochenende auf der Strecke von Paris nach Le Mans miterlebt, wie das über den Gashebel nach unten verlängerte Selbstbewußtsein des Mannes wahre Orgien feierte. Rund fünfzigtausend verbissen hinter dem Steuer sitzende Sportfreunde setzten das Leben der eigenen und anderer Familien freudig ein, um mindestens eine Stunde vor Beginn an der Piste zu sein. Von einigen geringfügigen Ausfällen abgesehen, gelang das auch.

Die Startvorbereitungen und der Start selber sind, so behaupten jedenfalls alle Kenner der Materie, das Schönste und Erregendste an diesem vierundzwanzigstündigen Kampf der Wagen und Gesänge. Wer rechtzeitig an den Tribünen eintraf, konnte die imposante Auffahrt von zwanzig mit wehenden Rotkreuzflaggen geschmückten Ambulanzwagen auf sich wirken lassen und jenes angenehme Kribbeln verspüren, das die Gefahr für andere dem echten Sport-Enthusiasten zu vermitteln pflegt. Leider verzichteten die Veranstalter auf den festlichen Einzug der im Programm erwähnten fünfundsechzig Ärzte und einhundertfünfzig Sanitäter, die sicher sehr umjubelt worden wären und dem Publikum ein Gefühl medizinischer Sicherheit gegeben hätten.

Als Auftakt zum Wettstreit der Motoren marschierten weißbehoste Fahnenträger mit den Flaggen der teilnehmenden Nationen in alphabetischer Reihenfolge vor den Tribünen auf, die Deutschen (West) natürlich vorneweg, weil »Deutschland« auf französisch »Allemagne« heißt. Die einschlägigen Hymnen wurden von Plattentellern in das Netz der zahlreichen Großlautsprecher gespeist, die so angebracht waren, daß eine sehr witzige, drei- bis vierfache Echowirkung erzielt wurde.

Als die letzte Hymne ratenweise verklungen war, verkündete eine pathetische Männerstimme aus sämtlichen Membranentrichtern: »Das beste Bier der Welt ist XY-Bier!« Fanfaren bliesen etwas Heldisches, und an einigen Dutzend Masten gingen auf einen Schlag riesige Fahnen mit dem Namenszug der XY-Brauerei hoch. Es war wirklich sehr erhebend.

Sinn und Zweck der Kompressoren-Schlacht war nämlich, wie auch dem Einfältigsten sehr schnell

klar wurde, die Werbung. Jeder Quadratmeter Tribünenwand, jeder Zaun, jede Schutzmauer pries in Riesenlettern den Namen irgendeiner Firma. Sogar die Köpfe der dreihunderttausend Zuschauer, die jeder zwischen zwanzig und hundert Mark Eintritt gezahlt hatten, wurden als Reklamefläche genutzt: Junge Mädchen verteilten als Schutz gegen die sengende Sonne grellbunte Papiermützen mit aufgedruckten Werbeslogans.
Ein vor Rennfieber oder infolge normaler Verschleißerscheinungen etwas zittriger, gebeugter alter Herr trug über der rechten Schläfe den interessanten Hinweis »Zündet immer!« und über der linken den Namen einer Zündkerze.
Viele Damen hatten Papierhüte auf dem Kopf mit der Aufschrift: »Ich liebe nur Sowieso-Benzin!« Das war in den meisten Fällen etwas untertrieben.
Eine Viertelstunde vor dem auf vier Uhr nachmittags angesetzten Start schoben die vorn und hinten mit dem jeweiligen Firmen-Namen bemalten Monteure die Wagen auf ihre Plätze. Jawohl, die Wagen wurden geschoben. Man wollte offensichtlich jeden Tropfen Pferdekraft für das Rennen aufsparen. Die Fahrer, die im Programmheft mit Recht als Piloten bezeichnet wurden, erschienen in himmelblauen Overalls, den Namen einer Reifenfabrik auf der Brust und den Willen zum Sieg ihrer Automarke im Herzen.
Da schon vom Herzen die Rede ist, müssen hier unbedingt die mit Stoppuhren behängten Rennfahrerbräute erwähnt werden. (Aus naheliegenden

Gründen haben nur wenige Helden der Piste eine legitim angetraute und auf Dauer berechnete Gattin.) In hautengen, knallbunten Hosen und mit extravagantem modischem Zubehör saßen die Herzdamen auf Podesten vor den Boxen und machten als einzige für nichts Reklame, außer für sich selber. Manche dieser Luxusbienen konnten beim flüchtigen Beschauer den Eindruck erwecken, daß sie noch bedeutend schneller waren als die Meister des Volants. Die Duftmischung aus ihren teuren Parfums, rizinusversetztem Rennbenzin und reichlich fließendem Monteurschweiß gab der Luft an den Tribünen jenen unvergleichlichen Hauch der großen, weiten Motorenwelt.

Ein mit dem Renn-Milieu vertrauter Fachmann verriet mir, das Niveau der Rennbräute sei in den letzten Jahren leider stark abgesunken. Früher habe es darunter sogar wirkliche »Damen« gegeben, die gleichzeitig auch noch begabte Stopperinnen waren. Das Bedienen von drei Stoppuhren gleichzeitig (eine für den eigenen Matador, die beiden anderen für die schärfsten Konkurrenten) erfordert eine überragende Reaktionsfähigkeit.

Die letzten Minuten vor dem Start waren ungeheuer aufregend, zumal ich als Boxengast eines deutschen Rennstalles unmittelbar neben einem armdicken, tropfenden Tankschlauch plaziert wurde und zweimal glühende Zigarettenstummel wegfangen mußte, die von den Rängen heruntergeworfen wurden.

In dieser spannungsgeladenen Atmosphäre fragte ich die neben mir auf einem Klappstuhl sitzende

Rennfahrerbraut nach ihrem Seelenzustand. Sie sagte: »Jetzt kann ich nur noch stoppen und beten!« Eine von den Kirchenvätern wohl kaum vorgesehene Kombination, wie sie sich sportlicher nicht denken läßt.

Die Motoren waren noch stumm, nur die Fahnen knatterten, denn es hatte sich ein heftiger, aber warmer Wind aufgemacht. Das Publikum wurde über Lautsprecher gebeten, Zeitungen in die Tasche zu stecken oder sich draufzusetzen. Eine verständliche Aufforderung, denn bei 300 km/st vor die Windschutzscheibe flatternde großformatige Gazetten konnten das Rennen entscheidend beeinflussen.

Zwei Minuten vor vier stellten sich die zweiundsechzig Fahrer auf der den Boxen und ihren Rennern gegenüberliegenden Seite der Piste auf. Einige Gaspedal-Virtuosen machten noch schnell ein paar Kniebeugen, andere stopften sich Wachskugeln in die Ohren, um dann den Sturzhelm aufzusetzen.

Punkt vier postierte sich der für Sport und ähnliches zuständige Minister mit dem altfranzösischen Namen Herzog in der Mitte der Fahrbahn und gab mit einer Trikolore das Startzeichen. Die »Piloten« spurteten zu ihren Maschinen und versuchten, bereits bei diesem fünfzehn-Meter-Lauf einen entscheidenden Vorsprung im fünftausend-Kilometer-Rennen herauszuschinden.

Der sogenannte »Le-Mans-Start« wurde wahrscheinlich erdacht, damit sich der staatspolitisch besonders wertvolle Minister noch in Sicherheit bringen konnte.

Als der Fahrer des direkt vor mir stehenden PS-Ungetüms in seinen Sitz sprang, wollte ich einen kleinen Scherz machen und sagte zum Rennleiter: »Wo ich stehe, passiert meistens irgend etwas Komisches. Ich müßte lachen, wenn der Wagen jetzt nicht anspringt!«

Das hätte ich nicht sagen sollen.

Einundsechzig kraftgeladene Donnerbüchsen heulten auf und davon, nur der Wagen vor mir sprang nicht an. Volle drei Minuten brauchten die Mechaniker, um das Ding zum Knattern zu bewegen. Der mich zutiefst treffende Blick des Rennleiters hätte das ganze Benzinlager in Brand setzen können.

»Wir wären Ihnen dankbar«, sagte er mit leichtem Tremolo in der Stimme, »wenn Sie Ihre Scherze an den Boxen der Konkurrenz trieben!«

In diesem Milieu ist man nämlich ungeheuer abergläubisch. Ich hätte nie geglaubt, daß mein Gedankensprung einen hochgezüchteten Rennmotor zum Schweigen bringen könnte.

Um hier nicht weiteres Unheil zu stiften, wanderte ich zu den Boxen eines amerikanischen Rennstalles, der im Training alle bisherigen Rundenrekorde gebrochen hatte. Auf dem Wege dorthin kaufte ich ein Sandwich und legte es an der Piste neben mich auf die Brüstung. Da schrie eine hinter mir sitzende attraktive Stopperin: »Drehen Sie das Brot um! Was auf dem Rücken liegt, bringt Unglück!«

Das war mir neu, aber da war es schon zu spät. Der zu dieser Boxe gehörende Rennwagen rollte hustend und spuckend heran, fluchend sprang der Fahrer

heraus, zwei Monteure rissen die Haube auf und suchten den Schaden. Vier weitere Mechaniker mußten verzweifelt und tatenlos zusehen, denn die ehernen und von Kontrolleuren überwachten Renngesetze verbieten das Eingreifen von mehr als zwei Helfern bei eventuellen Pannen. (Der Rennleiter und Motor-Schriftsteller Huschke von Hanstein, dessen Name schon für Schnelligkeit bürgt und der einer der letzten echten Gentlemen unserer Zeit ist, soll in einer solchen Situation einmal grob geworden sein: Als sich bei einem Rennen einer seiner Monteure als dritter mit einem Schraubenschlüssel dem schadhaften Fahrzeug näherte und es schon fast berührte, schlug ihn Huschke mit einem wohlgezielten Kinnhaken k.o., um so eine Disqualifikation des betreffenden Automobils zu verhindern.)
Ich nahm mein unheilschwangeres Sandwich und hielt mich nacheinander in allen fünf Boxen des bisher so aussichtsreichen Rennstalles auf. Der Leser mag es glauben oder nicht, alle fünf Wagen dieses Teams wurden innerhalb von drei Stunden sauer und mußten aufgeben.
Sollte es wirklich an meinem falschrum liegenden Sandwich gelegen haben? Das ist doch wohl ziemlich unwahrscheinlich, auch wenn die ach so abergläubischen Vergaser-Spezialisten meiner harmlosen Klappstulle alle Schuld zuschieben werden. Wenn die Technik versagt, redet man sich immer gerne auf das Übersinnliche heraus.
Um dem Rennen einen ruhigen Ablauf zu sichern, zog ich mich hinter die Tribünen zurück, wo alle an

der Herstellung oder der Ausrüstung von Autos beteiligten Industrien luxuriöse Ausstellungspavillons errichtet hatten. Pausenlos prasselten aus Großflächenlautsprechern Musik und suggestive Werbesprüche auf die sich drängenden und schiebenden Massen hernieder.

Der Wind hatte nachgelassen, man durfte wieder Papier fallen lassen. Die Leute entledigten sich, wo sie gingen und standen, ihrer Prospekte, Zeitungen, Werbezettel, aber auch überflüssiger Kleidungsstücke. Die Hitze brütete. Viele der mit unternehmungslustigen Blicken herumflanierenden weiblichen Besucher krönten ihre Figur, auch wenn sie es sich eigentlich gar nicht leisten konnten, nur noch mit dem Allernotwendigsten. Männer im weltoffenen Freizeithemd oder mit frei getragenem Brustkasten umdrängten die zahlreichen Stände der Getränke-Industrie.

Vom Apfelsaft mit dem geschickt gewählten Markennamen »Eva« bis zum Champagner gab es alles, was die stets durstige Kehle des passiven Sporttreibenden laben konnte. Blauweiße Fahnen flatterten am echt bayerischen Bierzelt »L'auberge de Bavière«, wo eine mit Lederhosen und Gamsbarthüten verkleidete französische Blaskapelle »Preußens Gloria«, »Waldeslust« und »Einmal am Rhein« schmetterte. Von der neapolitanischen Pizzeria über amerikanisch infizierte Self-Service-Lokale bis zum bretonischen Austernbüfett waren alle Zweige der Gastronomie vertreten.

Ich kaufte mir ein stanniolverpacktes Brathuhn, das

so schmeckte, als hätte man es im Schmierfett einer der hier werbungtreibenden Mineralöl-Firmen gebraten.

Ein Benzin-Konzern impfte unschuldige Kinder mit dem Rennbazillus und dem Namen ihres Treibstoffes, indem er acht- bis zehnjährige Besuchersprößlinge kostenlos mit Sturzhelmen und himmelblauen Overalls versah, um sie dann in kleinen, benzingetriebenen Rennautos auf einer Miniatur-Nachbildung der Le Mans-Rennstrecke um die Wette fahren zu lassen. Die Wägelchen brachten es auf höchstens zwölf Stundenkilometer, aber das Aufheulen der nicht weit davon vorbeirasenden »Großen« mit dem von einem Firmensprecher ins Mikrofon gebrüllten Kommentar zum »Nachwuchsrennen« gab den Kindern die Illusion, mit mindestens hundertfünfzig Sachen dahinzubrausen. Sie waren als zukünftige Kunden des Marken-Treibstoffes gewonnen.

An der feudalen Bar im Pavillon des Automobilclubs von Le Mans standen in zahlreichen Exemplaren jene uns allen vertrauten Snobs, für die das Auto bei jeder Geselligkeit der einzig mögliche Gesprächsstoff ist. Hier hoffte ich zu erfahren, welchen tieferen Sinn es hat, daß die Rennfahrer Kopf und sogar Kragen riskieren, nur um Geschwindigkeiten zu erreichen, die man auf keiner normalen Straße fahren kann.

Ein sich intellektuell gebärdender junger Mann wollte mir einreden, die Sturzhelm-Champions seien echte Helden, die man gar nicht genug bewun-

dern könne, denn sie setzten ihr Leben für eine Sache ein. Wenn ich ihn recht verstand, meinte er damit nicht etwa die Werbung, sondern das Automobil, unser aller Fetisch und Statussymbol, das als Fortbewegungsmittel in der Großstadt längst ad absurdum geführt wurde.
Ein anderer Motorsportfreund sagte, es lohne sich vorläufig gar nicht, zur Piste zu gucken, denn der Rundendurchschnitt läge im Moment noch bei 196,5 km/st, während er im Vorjahr 197,2 betrug. Wie man den Unterschied mit bloßem Auge genießen sollte, blieb sein Geheimnis.
Nachdem man mir noch allerlei Geschwollenes über Pisten-Ethik, Hingabe an den Motor und Geschwindigkeits-Ideale versetzt hatte, machte ich den Vorschlag, das nächste Rennen mit Gegenverkehr abrollen zu lassen. Die Idee wurde als absurd zurückgewiesen. Dabei würden sich doch gerade unter solchen erschwerten Bedingungen motorisiertes Heldentum und letzte Einsatzbereitschaft zur schönsten Blüte entfalten können.
Der Bar gegenüber befand sich eine große, kühle, mit bequemen Korbsesseln ausgestattete Halle. Dort konnte man mit dem Rücken zur Piste das Rennen auf dem Bildschirm verfolgen. Von hinten hatte man den Originalton der dröhnenden Kompressoren, von vorne dasselbe drahtlos.
Um zwischendurch etwas echte Renn-Atmosphäre zu schnuppern, machte ich noch einmal einen kurzen Besuch an den Boxen und plauderte mit einer emsig stoppenden italienischen Pilotenbraut. Sie

gestand mir, das Schönste am Rennen sei das Aufatmen-Können, wenn der geliebte Ritter vom Gaspedal nach der vier Minuten dauernden Runde wieder in der Kurve auftauchte und vorbeischoß. Dann gehe die Angst von neuem los bis zum nächsten Aufatmen. Ich rechnete aus, daß diese beseligende Nervenkitzelei während des Vierundzwanzig-Stundenrennens circa dreihundertundsechzigmal erfolgte, wenn die Stopperin nicht zwischendurch eine kleine Pause einlegte und sich an dem fröhlichen Treiben im umliegenden Gelände beteiligte. Es soll schon vorgekommen sein, daß ein Rennfahrer seine Runden plötzlich mit einem nur für den Fachmann erkennbaren Geweih absolvierte.
Ich fragte die Boxen-Schöne, ob der pausenlose, ohrenbetäubende Lärm der vorbeirasenden Maschinen nicht sehr an den Nerven zerre. »Oh nein, im Gegenteil«, sagte die leidenschaftliche Aufatmerin, »ich höre es immer wieder gern, denn das Motorengeknatter hat sowas wunderbar Männliches!«
Damit legte sie den tiefsten Kern ihrer unterbewußten Empfindungen bloß.
Als die Nacht hereinbrach, überquerte ich im Inneren eines Autoreifens die lebensgefährliche Piste. Eine rührige Pneu-Firma hatte die Fußgängerbrükken als Reifen ihres Fabrikats verkleidet.
Auf der gegenüberliegenden Seite der Rennstrecke zog sich ein kilometerlanger Rummelplatz hin, mit Autoskootern, Geisterbahnen, Schaubuden, Tombolas, Catcherzelt, Dancings und Gaststätten, alles für ganze vierundzwanzig Stunden aufgebaut. Hier

amüsierte sich das Volk und knüpfte zwischenmenschliche Beziehungen an.
Um das Rennen kümmerte sich kaum noch jemand. Die nur als vorbeisausende Scheinwerfer erkennbaren, aber um so besser hörbaren Grand-Prix-Wagen dienten ausschließlich als Geräuschkulisse für die vielfältigen Vergnügungen, deren Erlebniswert beträchtlich durch das prickelnde Gefühl gesteigert wurde, daß wenige Meter weiter tollkühne Männer mit dreihundert Stundenkilometer am Grabesrand entlangzischten.
An einer Schaubude hing ein großes Plakat:

Tollkühnheit! Wagemut!
Striptease unter wilden Tieren!
Die Göttinnen des Dschungels unter Hyänen!!!

Da bin ich natürlich hineingegangen, zumal aus dem Inneren lautes Raubtiergebrüll drang. Hinter Gittern produzierte sich eine muffig dreinblickende, aller Reize bare Stripperin, während drei müde Hyänen stinkend und mit Recht lustlos um sie herumstrichen. Das Raubtiergebrüll kam von einem Tonband.
In einer Kiste, die oben mit Maschendraht abgedeckt war, saß ein dickliches und ebenfalls mißgelauntes Mädchen im Bikini und hatte eine Pythonschlange auf dem spärlich bekleideten Schoß. Im Drahtnetz befand sich ein kleines Loch, durch das man der Schaustellerin Münzen als Lohn für ihre draußen angekündigte Tollkühnheit werfen konnte.
Einige Buden weiter wurde in großen Lettern ein

»Familienvergnügen« angepriesen. Es handelte sich um die dickste Frau der Welt, nachweislich 414 Pfund schwer. Ich habe mir den Anblick erspart, konnte aber feststellen, daß alle die Bude verlassenden Damen fröhlich strahlten und sich auch bei etwas Übergewicht wieder schön vorkamen. Und nicht nur sich, sondern auch den mitgeführten Männern. Das war für den weiteren Verlauf des Abends sehr wichtig.

Le Mans ist nämlich ein Fest der Lebensfreude.

Dort, wo der Rummelplatz aufhörte und das freie Gelände begann, verbrachten etwa hunderttausend Menschen die Nacht im Freien. Sie lagerten auf einem Teppich von weggeworfenen Zeitungen, Flaschen, Konservendosen, Hühnerknochen, Papiertaschentüchern, Brotresten und anderen Abfällen. Aber sie waren glücklich und, um mich ganz vorsichtig auszudrücken, von großer Kontaktfreudigkeit.

Das in Abständen von vier bis sechs Sekunden alles übertönende Aufheulen der vielpferdigen Explosionsmotoren, die unentwegt ihre Runden drehten, schien den Drang nach Zärtlichkeitsabtausch ungemein zu verstärken. Der knatternde Motor als Symbol der Männlichkeit wirkte, das war allüberall deutlich zu spüren, stimulierend.

Jetzt begriff ich auch, weshalb die an den Tribünen angebotene Le-Mans-Schallplatte mit den Original-Motorengeräuschen so reißenden Absatz fand. Die Leute legen sie wahrscheinlich zu Hause im stillen Kämmerlein auf den Plattenteller, und heissa – die Liebe erwacht.

Am Eingang zum Freigelände, das in so hervorragender Weise der Lustbarkeit diente, hing übrigens ein riesiges Transparent mit der Aufschrift »Enceintes populaires«. (Ich muß den Leser leider

Le Mans bei Nacht. Dieses kleine Teilstück der viele Kilometer langen Rennstrecke soll dem Leser einen bescheidenen Eindruck vom Leben und vor allen Dingen vom Treiben am Rande der Piste geben. Das Bild ist eher unter- als übertrieben und zeigt die stimulierende Wirkung donnernder Motoren auf das Liebesleben.

bitten, im Bedarfsfall die zweifache Bedeutung des Wortes »encainte« im Lexikon nachzulesen.)
Als ich in der Morgendämmerung den Schauplatz des so überaus sportlichen Geschehens verließ, nahm ich die feste Überzeugung mit nach Hause, daß wir im Zeitalter der Voll-Motorisierung leben.
Die Fahrer und das verbleibende Publikum hatten noch zehn Rennstunden vor sich. Die wirkliche Motoren- und Materialschlacht begann jedoch erst, als die hunderttausend Autos der Zuschauer wieder auf dem Heimweg waren.
Wer in den »Vierundzwanzig Stunden von Le Mans« gesiegt hatte, war in den nächsten Tagen der Presse zu entnehmen, und zwar am deutlichsten dem Inseratenteil. Da wurde in großen Anzeigen verkündet: »Sieger von Le Mans: Die Scheinwerfer der Firma A.!«
»Die Zündkerzen der Firma B. siegten in Le Mans!«
»Sieger der 24 Stunden: Die Reifen der Firma C!«
Es siegte das Benzin der Firma D., und die Scheibenwischer, und die Sturzhelme, und die Handschuhe, usw. durchs Abc.
Den absoluten Vogel schoß eine Fabrik für Polohemden und Herrenunterwäsche ab. Sie inserierte: »Der Renn-Champion trug unsere Unterhosen, entworfen für Wettkämpfe!«
Selbst der kleinste Kommentar wäre hier zuviel.
Gesiegt haben natürlich auch einige Fahrer, allerdings nur dank des ihnen von erfahrenen Firmen an die Hand gegebenen Zubehörs. Aber das kratzt die Lenkradhelden im lichtblauen Overall und weißen

Sturzhelm wenig. Sie sind ja Idealisten und dienen der Sache.

Und die Sache ist, daran kann wohl kein Zweifel mehr bestehen, ein Riesengeschäft.

Wo die Butzenscheibe blitzt

Auf den kurvenreichen Straßen des lieblichen Taubertales steigert sich allmorgendlich gegen elf Uhr das Tempo der gen Rothenburg fahrenden Touristen-Autos in beängstigender Weise. Verbissen starren die am Steuer Sitzenden mal auf die Armbanduhr, mal auf den Vordermann. Sie treten den Gashebel durch und setzen mit quietschenden Reifen ihr Leben ein, von dem der anderen Straßenbenutzer gar nicht zu reden.

Was treibt sie zu solcher Eile?

Der täglich um 12 Uhr von zwei mechanischen Puppen vorgeführte »Meistertrunk«, die Fremdenverkehrsattraktion Rothenburgs.

Im Laufschritt trabte ich vom Parkplatz an der Stadtmauer zusammen mit vielen anderen Romantiksuchern zum Marktplatz, wo eine vielhundertköpfige Menge ihre Augen und Fotoapparate wie gebannt auf zwei geschlossene Fenster im dritten Stock der »Rats-Trinkstube« gerichtet hielt.

Es war zwei Minuten vor zwölf.

Da donnerte noch ein Pullmann-Reisebus mit der Aufschrift »Overseas Bus Line, Romantic Way« aus einer Seitengasse heran, die Bremsen kreischten, die Tür flog auf und die von jenseits des Atlantik kommenden Insassen stürzten heraus, als hätten sie so-

eben von einer unter den Sitzen versteckten Zeitbombe erfahren.
Es war aber auch wirklich höchste Zeit. Mit dem Glockenschlag zwölf öffneten sich die beiden Fenster wie von Geisterhand bewegt und gaben den Blick frei auf die naturgetreue Wiedergabe einer der dramatischsten Szenen des Dreißigjährigen Krieges. Im linken Fenster stand der lebensecht aus Wachs nachgebildete kaiserliche Feldherr Tilly mit drehbarem Kopf, ihm gegenüber im anderen Fenster der ebenso wächserne Bürgermeister Nusch mit schwenkbarem Arm, der einen gewaltigen Humpen stemmte.
Unter den entzückten Ausrufen der Menge und dem Klicken sämtlicher Kameraauslöser führte eine im Brustkasten des Stadtvaters verborgene Mechanik das Trinkgefäß zum Munde, während die rund um den Platz gleichmäßig verteilten Fremdenführer auf englisch, französisch, italienisch und deutsch das erregende Geschehen kommentierten.
Demnach rettete jener trinkfeste Bürgermeister seinerzeit die von Tilly eroberte Stadt vor schlimmen Repressalien, indem er auf Befehl des humorvollen Siegers dreieinhalb Liter einheimischen Weines in einem Zug hinter die Amtskette kippte. Wäre ihm das nicht gelungen, hätte Tilly dem Herrn Nusch und seinen Stadträten die Köpfe vor die Füße gelegt, und auch die wackeren Bürgerinnen hätten die mit einer Eroberung verbundenen mehr oder weniger großen Unannehmlichkeiten wohl oder übel über sich ergehen lassen müssen.

Als der vollautomatische Bürgermeister den Humpen wieder abgesetzt hatte, schlossen sich die Fenster. Die ergriffenen Augenzeugen des angeblich historischen Schauspiels setzten die Kameras ab und machten tiefschürfende Bemerkungen über die rauhen Kriegssitten des Mittelalters.
Ich nahm einen Fremdenführer auf die Seite und sagte mit gedämpfter Stimme: »Wissen Sie denn nicht, daß diese Meistertrunkgeschichte erst hundert Jahre nach der betreffenden Stadteroberung von einem phantasievollen Schriftsteller aus den Fingern gesogen wurde? Die Wirklichkeit sah ganz anders aus: Die Stadtväterköpfe rollten, und auch die Bürgerinnen wurden samt und sonders von den Landsknechten – na ja, Sie wissen schon ...«
Der Geschichtsfälscher lächelte weise: »Seien Sie doch kein Spielverderber. So ist es doch viel hübscher!«
Ein Musterbeispiel für geschickt bewältigte Vergangenheit.
Er fügte hinzu: »Ich weiß, daß Sie recht haben! Trotzdem steht der Original-Meistertrunk-Humpen hier im Stadtmuseum!«
Die Rothenburger Fremdenverkehrs-Experten sind wirklich sehr rührig.
Die hochbefriedigte Menge verlief sich in den Seitengassen, zwischen spitzgiebligen Fachwerkhäusern, kunstvoll geschmiedeten Wirtshausschildern und lieblich plätschernden Brunnen, um außer den optischen Eindrücken auch noch etwas Reales mitzunehmen. Das Angebot an Souvenirs ist in jedem

Sinne ungeheuerlich. Jeder Berufszweig, ob Schneider, Friseur, Metzger, Drogist oder Kürschner handelt hier mit Andenken.

Neben vielen Varianten heraldisch verzierter Aschenbecher, Bierseidel und von Landsknechten gehaltener Zahnstocherbehälter führen die Geschäfte naturgetreue Nachbildungen des Original-Meistertrunk-Humpens in allen Größen und sogenannte »Imbiß-Picker« in Form von Hellebarden. Für ganz hohe Ansprüche ausländischer Gäste gab es sogar Nahkampfspangen und Ehrenzeichen des vorigen Krieges. Die zahlreich angebotenen Brotbretter mit aufgemaltem Schwein und der Inschrift »Ich komme aus Rothenburg!« blieben mir allerdings rätselhaft, denn Rothenburg gilt als sehr moralisch.

Das Hauptgeschäft im Souvenirhandel sind die schöngerahmten, in Öl gemalten, in Kupfer gestochenen, in Aquarell getuschten oder in Kohle gestrichelten Stadtansichten, die von ortsansässigen Malern am Fließband hergestellt werden. Niemand verläßt den Ort, ohne einen romantischen Stich davonzutragen. Die naturalistischen Wiedergaben poetischer Rothenburg-Winkel künden an Wohn- und Schlafzimmerwänden allüberall in der Welt von urdeutscher Art und Innigkeit.

Kein Bewunderer mittelalterlichen Brauchtums sollte sich einen Besuch der idyllisch am Totengräberturm gelegenen Folterkammer entgehen lassen. Der Eingang befindet sich schräg gegenüber von einem uralten Hause, an dem das Schild »Fachgeschäft für

orthopädischen Kunstgliederbau« hängt. Eine günstigere Lage konnte es im Mittelalter für ein so spezielles Unternehmen kaum geben.
Die Folterkammer ist ein Privatunternehmen und, wie mir die mißvergnügte Dame an der Kasse beim Verkauf der Eintrittskarte mitteilte, vergnügungssteuerpflichtig. Eine Führung gibt es nicht, die Erklärungen zu den einzelnen Schaustücken kommen unaufhaltsam von einem Tonband und sorgen für gleichmäßigen Abfluß der Besucher.
Im Kreise fröhlich gestimmter Tortur-Interessenten betrachtete ich etwas bekniffen die handwerklich wunderhübsch gearbeiteten Stachel-Halseisen, die feinziselierten Daumenschrauben, die kunstvollen Eisenkrallen der Zwickzangen und die naiv-liebevollen Holzschnittdarstellungen ihrer praktischen Anwendung. Über den vielerlei Geräten knochenbrechender Rechtspflege stand in gotischen Lettern der beherzigenswerte Spruch an der Wand:

Das Werkzeug wird hier angezeigt –
Wohl dem, der sich zur Tugend neigt!

Der Lautsprecher bot dazu bildhafte Schilderungen von Torturen, die bei politisch Andersdenkenden angewandt wurden und mich als sozusagen Betroffenen peinlich berührten. Erst der Satz: »Säumige Handwerker wurden im Mittelalter an den Pranger gefesselt und durften von allen Passanten nach Herzenslust an den nackten Füßen gekitzelt, ja sogar totgekitzelt werden«, stimmte mich wieder heiter. Ein Beweis, wie sehr das Gebaren unserer zeitgenössischen Handwerker einen Menschen verrohen kann.

Zu den Höhepunkten jeder Stadtbesichtigung gehört ein Besuch der reich ausgestatteten Folterkammer. Vor dem Original-Hexenvernehmungsstuhl kann man beobachten, wie grundverschieden die Reaktionen und der Gesichtsausdruck männlicher und weiblicher Touristen vor diesem ehrwürdigen Relikt sind.

Als ich die düstere Folterkammer verließ und in den strahlenden Frühlingssonnenschein hinaustrat, überkam mich zum ersten Mal im Leben das Gefühl, trotz allem doch in einem Rechtsstaat zu leben.
Ich erstieg die nahe gelegene Stadtmauer und wanderte den schindelgedeckten Wehrgang entlang, durch dessen Pechnasen die Verteidiger siedenden

Asphalt-Brei auf die Feinde träufelten, der von den Gattinnen am heimischen Herd zubereitet wurde.
In die Mauer sind in regelmäßigen Abständen kleine Gedenktafeln mit jeweils einem Namen eingelassen. Viele kamen mir sehr bekannt vor, es war wohl eine posthume Ehrung der von den Zinnen gefallenen Verteidiger. Als dann aber eine Tafel mit der Aufschrift »Bayerischer Rundfunk« kam, wurde ich stutzig. Ein Einheimischer lieferte die Erklärung: Ein Kilometer der mittelalterlichen Befestigung ging 1945 bei einem amerikanischen Bombenangriff in Trümmer. Der Romantik engverbundene, wohlhabende Mauer-Mäzene, darunter auch Amerikaner, finanzierten den originalgetreuen Wiederaufbau und bekamen dafür ihre Namen publicity-wirksam hineingehauen.
Jeder notstandsbewußte Bundesbürger, der die offizielle Luftschutzfibel aufmerksam gelesen hat, wird dem aus soliden Feldsteinen gemauerten Bauwerk auch im Atomzeitalter einen praktischen Verteidigungswert beimessen. Man müßte nur dafür sorgen, daß an den Schießscharten die vorgeschriebenen Verdunkelungsrollos angebracht werden.
Von der Stadtmauer aus machte ich einen Abstecher zu Rothenburgs wertvollstem Kunstschatz, dem Riemenschneider-Altar. Der Andrang war nicht groß, weil das Schild »Blitzen verboten!« viele Foto-Amateure abhält. Was sie nicht knipsen können, wollen sie gar nicht erst sehen und gehen lieber zum Kunstschmied am Siebersturm. Dort werden Pickelhauben, Hellebarden und Brustpanzer minuten-

weise verliehen. Man fotografiert sich damit gegenseitig vor der historischen und stilechten Architektur. Ein solches Foto ist besonders bei Amerikanern sehr beliebt, die eine bleibende Erinnerung an das »beredte Denkmal der Wehrhaftigkeit deutschen Bürgertums« haben wollen, wie es im Prospekt der Tauber-Metropole so schön heißt. Die betreffende Wehrhaftigkeit hat den transatlantischen Freunden in den vergangenen fünfzig Jahren viel Ärger gemacht, nun macht sie ihnen endlich Spaß.

Am späten Nachmittag liefen die Touristenfluten langsam ab.

Nur Kenner und Genießer bleiben über Nacht in Rothenburg, um durch die verträumten Gassen zu wandern und hinter Butzenscheiben würzigen Frankenwein zu trinken.

Ich mietete mich in jenem berühmten Hotel ein, das von oben bis unten mit Antiquitäten aus allen Stilepochen vollgestopft ist. Der Portier amtiert in einer gotischen Spitzbogenloge mit Renaissance-Einschlag. Eine eisenbeschlagene Burgverliestür führt zu der auf Biedermeier getrimmten Telefonzelle. Der Fahrstuhl ist reines Rokoko.

Im Speisesaal nahm ich zwischen einer kupfernen Bettwärmpfanne und einem mit frischen Blumen gefüllten antiken Bügeleisen Platz. Balkendecke, Schlachtenbilder, Zinnkrüge und Hiebwaffen aller Art schufen eine Atmosphäre, wie sie gar nicht deutscher sein konnte. Der Ober fragte zunächst auf englisch, dann französisch nach meinen Wünschen, denn er war Italiener. Als ich gestand, ein versprengter

Ein Vorschlag, wie man das in Prospekten als »Schatzkästlein des Mittelalters« bezeichnete Rothenburg ob der Tauber noch attraktiver für die Touristen machen könnte: Die Einwohner passen sich

in der Kleidung dem Stadtbild an, und auch die Besucher werden gleich nach der Ankunft in die städtische Kleiderkammer geführt und gegen eine geringe Leihgebühr mittelalterlich ausstaffiert.

ter Deutscher zu sein, sagte er »Mackt nix« und rief einen griechischen Kollegen herbei. Es kann aber ebensogut ein Türke gewesen sein.

Auch das Publikum, das sich in dieser geradezu von einem Stilbruchband zusammengehaltenen Dekoration einen Hauch deutscher Romantik und den Duft erlesener Speisen um die Nase wehen ließ, war international.

Draußen auf der im Abendsonnenschein liegenden Terrasse wiegte sich neben einem plätschernden Ziehbrunnen ein tiefschwarzer Diplomat in einer Hollywoodschaukel, labte sich an Kullerpfirsich mit Sekt und dem Anblick des Tauber-Tales.

Teetrinkende Engländer, Apéritif-schlürfende Franzosen und beim Essen neue Rollfilme einlegende Japaner rundeten das anheimelnde Bild teutonischer Gemütlichkeit ab.

Nach Leerung eines Bocksbeutels in der »Altdeutschen Trinkstube«, wo ein Alleinunterhalter am Flügel amerikanische Evergreens klimperte, machte ich im Mondschein einen Abschiedsbummel durch das »Schatzkästlein des Mittelalters«.

Als ich sinnend vor einem Fachwerkhaus stand, kam von oben eine zärtlich werbende Männerstimme: »Do you want to buy something?«

Der aus seinem Schlafzimmer im ersten Stock heraushängende Inhaber des Andenkenladens war auch lange nach Ladenschluß zum Dienst am Fremden bereit.

Ich fragte: »Haben Sie Daumenschrauben?«

Er bedauerte: »Nein, so was führen wir noch nicht!«

Das kleine »noch« ließ mich hoffen, daß die Anregung auf fruchtbaren Boden fiel.
Den schönsten Satz des Tages hörte ich aber von einem Amerikaner, der mit seiner Blumenhut-Gattin vor dem Spitzweg-Hintergrund des Plönlein-Winkels stand. Er sagte: »Isn't it marvellous ... like Disneyland!«
So wunderbar wie Disneyland – ein größeres Lob für Rothenburg kann es kaum geben.

Die Meisterkater von Nürnberg

In der Halle eines Nürnberger Hotels wurde ich Zeuge einer seltsamen Szene. Am Nebentisch saßen zwei ältliche Damen, die eine mit einem Gepäckstück auf dem Schoß, das wie ein Nähmaschinenkoffer aussah. »Sie interessieren sich für meinen Sohn?« fragte sie. »Ich habe ihn hier drin ...« Der Koffer wurde auf den Tisch gestellt, er hatte an der Vorderseite eine vergitterte, mit einem Vorhängeschloß gesicherte Tür, hinter der zwei Augen blitzten. Obgleich ich weiß, daß manche Mütter ihre Söhne ängstlicher hüten als ihre Töchter, erschien mir dieser Fall absonderlich, zumal es sich nur um einen besonders klein ausgefallenen Sohn handeln konnte.

Die Dame sprach weiter: »Nächste Woche gehe ich mit ihm nach München auf Hochzeitsreise, aber vielleicht finde ich hier auf der Ausstellung eine Braut, die besser zu ihm paßt!« Dem weiteren Gespräch war zu entnehmen, daß hier in Nürnberg eine Katzenausstellung stattfand. Ich folgte der Dame mit dem Sohn im Koffer zu den Messehallen.

Am »Hintereingang für Aussteller« entlud ein kleiner Mann Katzenbehälter aller Größen und Ausführungen aus einem Lieferwagen. Ich fragte ihn, ob das alles seine Katzen seien. »O nein«, sagte er, »ich bin von der Ortsgruppe Nürnberg und betreue die alleinreisenden Katzen!« Der Begriff der »alleinreisenden Katze« war mir neu, denn selbst in Brehms Tierleben wird diese ambulante Spielart nicht erwähnt. Der Mann erzählte, daß er stündlich die auf dem Hauptbahnhof als Expreßgut ankommenden Katzen abhole, deren Besitzer die weite Reise scheuten, ihren Lieblingen aber die Teilnahme am Katzentreffen nicht vorenthalten wollten. Da kamen Katzenbehälter aus fast allen Gegenden der Bundesrepublik und sogar aus Frankreich, Holland und der Schweiz.

Mit den alleinreisenden Katzen mogelte ich mich von hinten in die Ausstellung, die erst am Nachmittag eröffnet werden sollte. Im Vorraum standen weißgekleidete Küchenhilfen hinter einem Büfett und stellten Hackfleisch her, das sie in appetitlichen Portionen auf kleine Papptellerchen füllten. Als großer Freund eines guten »Beefsteak Tartare« bat ich um eine Portion und ein kleines Bier. Man wies mich mit der Begründung ab, »das sei für die Katz!«

Am Eingang stand im weißen Kittel, weißen Hosen und weißen Schuhen ein Tierarzt und prüfte den Gesundheitszustand der angelieferten Katzen. Ich habe selten einen so schönen Arzt gesehen.

Alle Katzenbesitzerinnen lächelte er freundlich an, und manch eine mag sich gesagt haben: »Wenn ich einen solchen Mann abgekriegt hätte, dann hätte ich keine Katzen!«

An der Stirnseite des Saales war für das Präsidium ein Podium aufgebaut, das der UNO-Vollversammlung würdig gewesen wäre: Unter den Fahnen der teilnehmenden Katzenländer stand ein langer Tisch mit Blumen, Mikrofonen, Telefon und einigen Schuhkartons mit der Katzenkartothek. In der Mitte saß ein gramzerfurchter alter Herr: der Erste Vorsitzende des Ersten deutschen Edelkatzenzüchter-Verbandes e.V., Sitz Nürnberg.

Dieser brave Mann hat für den deutschen Edelkatzenzuchtgedanken viel Schweres erduldet, denn der von ihm vor vierzig Jahren ins Leben gerufene Verein hatte sich 1953 gespalten: Eine Hamburger Katzenfreundin gründete damals den »Zweiten deutschen Edelkatzenzüchter-Verband e.V., Sitz Hamburg« und warb dem Stammverein Mitglieder ab. In jener Zeit der bundesdeutschen Katzenspaltung soll es vorgekommen sein, daß auf einer Katzenausstellung im Ausland der Zweite Vorsitzende des Ersten deutschen Edelkatzenzüchter-Verbandes plötzlich der Ersten Vorsitzenden des Zweiten deutschen Edelkatzenzüchter-Verbandes gegenüberstand. Wie schrecklich diese Situation war, kann nur ermessen, wer politisch zu denken versteht. Erst durch das (menschlich natürlich bedauerliche) Ableben der Spalterin wurde die bundesdeutsche Edelkatzeneinheit wiederhergestellt.

Die Anwärter auf den Ehrentitel »Katzenchampion« befanden sich in langen Käfigreihen, die sich auf Tischen quer durch die Halle zogen. Einige alleinreisende Tiere machten einen ziemlich übernächtigen Eindruck, wie es sich für einen richtigen Kater gehört. Zwischen den Käfigen huschten in weißen

Kitteln geschäftig die Mitglieder der Ortsgruppe Nürnberg des deutschen Edelkatzenzüchter-Verbandes herum. Sie trugen vorn auf der Brust an einem roten Bändchen einen kleinen Blechtrichter, den ich zunächst für ein der Katzenpflege dienendes Gerät hielt. Es war aber nur das Abzeichen der »Offiziellen«, ein kleiner Nürnberger Trichter als Symbol der »Stadt der deutschen Katzengeschichte«, wie Nürnberg im Ausstellungsprospekt wörtlich genannt wurde. Die schöne Stadt hat schon schlimmere Titel gehabt.

Die freiwilligen Helfer achteten darauf, daß die Ausstellungsordnung eingehalten wurde. Ich habe sie sorgfältig gelesen. Da stand im § 3: »Alle Rassen gezähmter Katzen sind zugelassen.« Wer also mit einem dressierten Panther kommen wollte, konnte nicht abgewiesen werden. Im § 9 hieß es: »Selbstverschuldetes verspätetes Eintreffen der Katze kann Ausschluß vom Wettbewerb verursachen.« Alleinreisenden Katzen kann man also nur raten, sich bei etwaigen Zugverspätungen eine Bescheinigung vom Fahrdienstleiter der Bundesbahn geben zu lassen. Der § 12 verbot »die Einlage von Kitsch in den Ausstellungskäfigen«. War etwa ein vereidigter Kunstsachverständiger unter den »Offiziellen«? In einem der Käfige spielte eine Angorakatze mit einer Wollmaus, die durch langen Gebrauch schon völlig abstrakt aussah und somit den Vorschriften entsprach. In einer Ecke des Saales wurde Katzenkosmetik getrieben. (So heißt es wirklich, es gibt sogar eine Industrie für Katzenkosmetikbedarf.)

Auf langen Tischen machte man die Katzen mit Kamm und Bürste ausstellungsreif. Die »Betreuungskatzen«, die ohne ihren Besitzer gekommen waren, wurden von selbstlosen Nürnberger Ortsgruppenmitgliedern auf Hochglanz gebracht, damit sie vor den Richtern bestehen konnten. Alle Champion-Aspiranten trugen an einem Kettchen Blechnummern, um jede Bevorzugung nationaler Zuchtprodukte gegenüber ausländischen Bewerbern auszuschließen. Nur der auf dem Podium stehende, streng bewachte Schuhkarton mit der Katzenkartothek wußte, woher die Katzen kamen.

Neben dem Kosmetikstand wurden die fertig zubereiteten Katzen vom Fernsehen gefilmt. Eine stolze Besitzerin setzte ihre Abessinierkatze auf einem Brokatkissen in Positur, zeigte auf die schwarze Kamera und sagte zwecks Erzeugung eines fotogenen Gesichtsausdrucks: »Sieh mal, Lolita, da sitzt dein Lieblingskater!« Die Dame stellte ziemlich hohe Ansprüche an das Vorstellungsvermögen ihrer Katze. Aber diese Tiere sind außerordentlich intelligent, es soll sogar welche geben, die Chinesisch sprechen. Eine gewisse Frau Ziesche, die leider nicht anwesend war, hat in mühsamen, ihrer Katze zuliebe betriebenen Sprachstudien herausbekommen, daß »Mi« auf chinesisch »Reis« heißt, mit anderer Betonung aber auch »Honig«, »Seide« oder »heimlich« bedeuten kann. Die Zusammensetzung »Mi-au«, ein von Katzen besonders häufig benutztes Wort, bedeutet auf chinesisch »schön«, »herrlich«, aber auch »fern« und »unerreichbar«. Auf dieser Grundlage

sprach Frau Ziesche nachweislich mit ihrer Katze über alles mögliche. So nachzulesen in der Fachzeitschrift »Die deutsche Edelkatze«, Jahrgang 5, Nummer 2, Seite 157–159.
In derselben Zeitschrift fand ich unter »Fragekasten« folgende Zuschrift:
Meine einjährige Siamkatze beißt meinem halbjährigen Siamkater täglich die Schnurrbarthaare ab, so daß er kein einziges mehr hat. Trennen kann ich die Tiere nicht, weil sie sonst ganz unglücklich sind. Was soll ich tun? *M.A. Kunze*

Ich würde raten, den Kater mit einer Bartbinde »Wilhelm zwo« zu versehen oder der Katze auf chinesisch klarzumachen, wie schädlich ihr Tun ist.
Als ich am Verkaufsstand für Spezial-Katzenbrot eine ausgezeichnet schmeckende Kostprobe zu mir nahm, kam eine pittoreske Greisin in den Saal. Sie schob einen kleinen Karren mit einem Korb voller Siamkatzen vor sich her und trug unter dem Arm ein bindfadenverschnürtes, in den »France Soir« eingewickeltes Paket. Sie füllte die Kätzchen in den Käfig Nummer 333 ab und wickelte aus dem Zeitungspapier einen wunderhübschen seidenen Vorhang für die Rückwand des Gehäuses. Die Dame erzählte mir, daß sie seit vierzig Jahren Katzenausstellungen besucht. Wenn ich sie recht verstanden habe, war sie mit fast allen Champions der Siamrasse verwandt oder verschwägert. Sie kam aus Frankreich und stellte mir ihre hübsche Enkelin vor, die im Käfig Nummer 337 saß. Dann sprach sie mit der Offenheit

einer echten Französin über das Liebesleben ihrer Tierchen. Biedere deutsche Katzenbesitzerinnen ereiferten sich darüber, daß ein holländischer Kater bzw. dessen Besitzer für ein Gastspiel, wenn ich so sagen darf, bare 150 DM verlangte, während auf dem deutschen Katermarkt die Angebote zwischen 40 DM und 70 DM liegen. Es ist zu hoffen, daß der »Gemeinsame Markt« die Preise etwas nivellieren wird, notfalls mittels staatlicher Kreditbeihilfen.

Überall im Saal wurden Deckadressen ausgetauscht, denen hier allerdings völlig das Odium des Suspekten fehlte. Sonst sehr sittenstrenge Damen sprachen von »Experimentierstammbäumen« und »Züchtungen, die nur so nebenbei ein Versuch waren«.

Während dieser Fachgespräche lagen die wunderschönen Siam-, Kartäuser-, Abessinier-, Burmesen- und Lavender-Blau-Katzen majestätisch und anscheinend völlig unbeteiligt in ihren Maschendrahtkästen. Sie fauchten nur, wenn Damen mit dubiosen Pelzmänteln vorbeikamen, in denen die mißtrauischen Tiere Verwandte wiederzuerkennen glaubten.

Um zehn Uhr wurden alle Katzenbesitzer aufgefordert, den Saal zu verlassen, denn nun sollte gerichtet werden. Man wollte jede Beeinflussung und Störung der Richter vermeiden. Ich beobachtete die berühmte Langhaar-Spezialistin Madame Ravel aus Paris bei ihrer verantwortungsvollen Tätigkeit. Sie prüfte mit scharfer Brille Gesichtsausdruck, Fellqualität und Körperbau der Katzen, die von Trägern des Nürnberger Trichters aus den Behältnissen geholt

und ihr zugereicht wurden. Jede Einzelheit trug sie in ihr Richterbuch ein.
Am Richtertisch für kurzhaarige Katzen waltete Mademoiselle Bachellerie, eine attraktive Dame mit typischen Katzenaugen, ihres Amtes. Ich kam gerade darauf zu, als sie einen knickschwanzverdächtigen Abessinierkater prüfte. Es entspann sich unter den Fachleuten eine angeregte Diskussion darüber, ob es sich um einen angeborenen, rassewertmindernden Knick handelte oder um einen sogenannten »Unfallschwanz« (vorzeitig geschlossene Tür, versehentliches Drauftreten oder ähnliches). Man einigte sich auf das letztere, was für die Bewertung bedeutend günstiger ist.
In der Kantine führten unterdessen die der Urteilsverkündung harrenden Besitzer Fachgespräche. Eine Dame aus Hamburg erzählte von ihrem Kater, daß er sich einbilde, er sei ein Hund. Er wolle nichts mit Katzen zu tun haben und striche, leider erfolglos und immer wieder brüsk abgewiesen, nur hinter Hundedamen her. Ein wirklich tragischer Fall, an dem sich schon mehrere Tierpsychologen die Zähne ausbissen. Man sprach auch ausgiebig darüber, daß Katzen ein ideales Mittel gegen die Managerkrankheit seien, weil sie dem Menschen die Kunst zweckvollen Ausruhens vorführen.
Ein Herr lobte die Katzen wegen ihrer beneidenswerten Fähigkeit, vor sich hinzudämmern, ohne faul auszusehen. Er stand wahrscheinlich im Staatsdienst. Eine besonders zu Herzen gehende Geschichte berichtete man von einer wohlhabenden

Auf den ersten Blick könnte man glauben, daß hier ein internationaler Kongreß von Damen stattfindet, die sich der Wahrsagerei

und schwarzen Magie widmen. Es sind aber biedere Katzenfreundinnen, die ihre schnurrenden Lieblinge einander vorstellen.

Dame. Sie hielt ihre Katzen in einem großen Bambuskäfig in einem auf die Katzenfellfarbe abgestimmten Salon. Jeden Weihnachtsabend schmückt die Dame den Käfig mit Goldfäden, Lametta, bunten Kugeln und verschieden gestimmten Glöckchen, denen sie mit einem kleinen Hammer das Lied »Stille Nacht, Heilige Nacht« entlockt. Nach dieser zu Herzen (und auf den Magen) gehenden Geschichte floh ich und verzichtete auf die Teilnahme an der Siegerehrung und dem angekündigten »Gemütlichen Züchterabend«.

Auf der Heimfahrt nach München lief mir eine schwarze Katze über den Weg. Ich verstand den Wink, kehrte im nächsten Dorfgasthaus ein und aß Nürnberger Rostbratwürstchen. Da strich mir schnurrend ein Kater um die Beine. Er entsprach in keiner Weise den Anforderungen einer internationalen Katzenausstellung. Sein Fell zeigte deutliche Spuren eines erbitterten, wenn auch manchmal sicher fröhlichen Lebenskampfes. Er hatte einen wachen, mißtrauischen Blick und nicht den arriviert satten Gesichtsausdruck der Nürnberger Erfolgskatzen.

Ich habe ihn zärtlich gestreichelt, denn auch ich bin ein Kind des einfachen Volkes.

Das große Maßhalten

Im achtzigstöckigen, vollklimatisierten Wolkenkratzer der Vereinten Nationen in New York brüten und palavern seit Jahren viele hochdotierte Diplomaten an dem Problem herum, wie man eine globale Völkerverständigung bewerkstelligen könnte.

In einem zweistöckigen, schlecht gelüfteten und verqualmten Altbau der Weißwurst-Metropole München wird dieses große Ziel, wenn auch in kleinem Rahmen, täglich mühelos erreicht: Im »Königlich-bayrischen Hofbräuhaus«. Hier verbrüdern sich auf den Bierbänken Menschen aller Rassen, Nationen, Glaubensbekenntnisse und Einkommen, sinken sich gerührt in die Arme und geloben ewige Freundschaft. Und das alles dank der völkerverbindenden Kraft des Gerstensaftes. Die doch eigentlich naheliegende Idee, an allen kritischen Grenzen Hofbräuhäuser mit Zugängen von beiden Seiten zu errichten, sollte von den UNO-Delegierten endlich einmal gründlich ventiliert werden.

Woher die Touristen auch kommen mögen, ob aus Timbuktu, Chikago, Wladiwostok oder dem schönen Castrop-Rauxel – ihre erste Frage, wenn sie den Fuß auf das stets aufgerissene Münchner Pflaster setzen, ist die nach dem Weg zum Bierparadies. Die Einheimischen haben sich längst daran gewöhnt,

diese Frage gar nicht mehr abzuwarten, wenn ein Fremder mit dem heidnischen »Guten Tag ...« auf sie zutritt. Nach einem belehrenden »Grüß Gott« weisen die mit Isarwasser Getauften dem Gast den Weg zu den Freuden des Bieres und des Fleisches.
Denn in den Gassen, die zum Hofbräuhaus führen, wird die Fleischeslust heftig angestachelt. Nicht etwa durch die ausgehängten Fotos der Etablissements mit so urbayerischen Namen wie »Petit Paris«, »Papillon rouge«, »Bar Séparée« und »Erotica«, sondern durch die ausgelegten Schweinereien der Metzgerläden. Vor den kunstvoll geschichteten Gebirgen aus Geräuchertem, Geselchtem, Gebratenem und Gepökeltem, über denen wie Christbaumketten Schweins-, Brat-, Blut-, Leber-, Weiß-, Woll- und Milzwürste, Frankfurter, Wiener, Regensburger, Debrecziner, Polnische, Lyoner und »Geschwollene« hängen, vor diesem saftigen Bild traf schon so manchen eingefleischten Vegetarier fast der Schlag.
Der Platzl-Wirt hat an seiner Außenfront über die animalischen Köstlichkeiten in großen Lettern den werbenden Slogan gesetzt: »Die Geschmacksdrüsen jodeln in der Vorfreude!« Nun haben wohl nur die wenigsten unter uns jemals eine Drüse jodeln hören, aber im frommen Bayern ist nichts unmöglich.
Neben den appetitanregenden Metzger-Schaufenstern hängen an den Andenkenläden bunte »Kunstpostkarten« von einzigartiger Unappetitlichkeit. Sie zeigen fettwanstige, aus ihren Lederhosen platzende, volltrunkene Bajuwaren bei Verrichtungen, die

für eine Farbwiedergabe denkbar ungeeignet sind. In Familienszenen, eheliche Kräche nach dem Suff darstellend, sind die Landestöchter ausschließlich als aufgedunsene, aus dem Mieder schwabbelnde, warzennasige, stampfbeinige und keifende Megären gezeichnet.

Diese sogenannten Ulk-Postkarten werden zu Hunderttausenden in ferne Länder geschickt und hinterlassen bei den Empfängern den Eindruck, daß die Bayern das häßlichste und von Mißbildungen heimgesuchteste Volk der Erde sind. Dabei weiß jeder, der einmal durch München bummelte, daß es kaum irgendwo auf der Welt soviel hübsche oder sich mit Geschick hübsch machende Mädchen gibt wie hier.

Die Luft, die dem Besucher beim Betreten der historischen »Schwemme« des Hofbräuhauses entgegenschlägt, hat mit Luft im herkömmlichen Sinne nichts zu tun. Ihre Zusammensetzung gäbe reichlich Material für eine Chemiker-Doktorarbeit. Nach meiner mit unbewaffneter Nase vorgenommenen, rohen Analyse ergibt sich folgendes Luftbild (freigegeben vom Bundesverteidigungsministerium unter der Nummer 2547113/51): Auf der Basis des leicht säuerlichen Geruchs verschütteten Bieres erhebt sich der Dunst von mehrmals kalt gewordenen Virginiazigarren, angereichert mit den beim Verzehr scharf gebeizter Rettiche entweichenden Ausatmungen und geschwängert vom herben Aroma oft vererbter Lederhosen. Hinzu kommt eine leichte Stallgeruch-Komponente, unterzogen von Küchengeruchsschwaden und einem Hauch angeblich desodorisie-

Im Hofbräuhaus, am schäumenden Quell echter, urdeutscher, lautstarker Gemütlichkeit

render Chemikalien aus den Nebengelassen für »gebrauchtes Bier«, wie der Volksmund so deftig und treffend sagt. Dieses Duftgemälde, dem viele in gasförmigen Zustand übergehende Schweißperlen noch einige Tupfen aufsetzen, ergibt das, was in der großen weiten Welt als »Echte bayerische Atmosphäre« gilt. Zusammen mit der das Gefühlsleben stimulierenden Blasmusik, der Tuchfühlung an den dichtbesetzten Tischen und der enthemmenden Wirkung des Bieres entsteht so die vielgepriesene »Deutsche Gemütlichkeit«, die uns keiner nachmachen kann oder will.

Als ich vor einigen Jahren das Hofbräuhaus zum ersten Mal besuchte, schockierte mich die unwirsche Art, in der die grimmig blickende Kellnerin mir einen Maßkrug auf die Tischplatte knallte. Ich wischte etwas Schaum aus dem Auge und erfuhr dann von den alteingesessenen Nachbarn, daß die Rauheit der bayerischen Bedienerinnen nur zur Tarnung eines Übermaßes an Herzenswärme dient.

So was muß man wissen. Vor ihrem überwarmen Herzen trug meine grantelnde Hebe einen ausladenden Busen, und vor diesem »Muichzeig« (ein bayerischer Ausdruck, der ins Hochdeutsche übersetzt seinen rustikalen Charme völlig verlieren würde) sechzehn gefüllte Maßkrüge. Auch wenn man etwaiges schlechtes Einschenken in Rechnung stellt, ist das ein beachtliches Gewicht.

Mit am Tisch saßen außer den Eingeborenen: Ein Japaner im bayrischen Trachtenanzug, selig in den Maßkrug lächelnd und ohne Unterlaß die Linsen seiner Kameras putzend. Ein US-Ehepaar, das den Maßkrugrand diskret mit Taschentüchern putzte. Und ein ebenholzfarbener Afrikaner mit Tirolerhut, der mit kannibalischer Lust eine mehrpfündige Schweinshaxe verputzte.

Die urig-bajuwarische Holzfällerfigur neben mir knüpfte das Gespräch an mit dem naheliegenden »Sisanwohlanetvohir?« Damit drückte er aus, daß ich wohl auch nicht von hier sei, mit dem Ton auf dem »auch«, bayerisch »a«. Ich gestand, ein hanseatischer Aus- bzw. Einwanderer zu sein, der innerhalb der blau-weißen Grenzpfähle seßhaft und dann zweimal legitimer Vater somit vollbayerischer Kinder wurde.

Der Urmünchener lachte, daß die Milchzähne seiner Sprößlinge auf und nieder hüpften. Er trug sie nach alter Sitte an der Uhrkette. Dann sagte er (ich übersetze ins Hochdeutsche): »Daß Ihre Kinder hier geboren wurden, will nichts heißen! Wenn ein Dakkel in einem Fischladen Junge kriegt, sind das noch lange keine Heringe!«

Nach diesem geradezu barocken Gleichnis prosteten wir uns kräftig zu, der echte Vollbayer wischte seinen Seehundsbart mit dem Handrücken ab und dröhnte wohlwollend: »Nix für ungut, Herr Nachbar!« Dabei haute er mir so kameradschaftlich auf die Schulter, daß sie noch zwei Wochen später um drei Zentimeter »hing«, wie mein Schneider beim Maßnehmen erstaunt feststellte.

Maß für Maß nahm die Fröhlichkeit ihren Fortgang. Zwischendurch füllten die »Zugereisten« Ansichtskarten aus mit dem vorgedruckten Text: »Bin bei der ... Maß Bier! Herzliche Grüße aus dem Hofbräuhaus!« Das erfordert eine hohe geistige Konzentration. Aber die zu erwartende Freude der Daheimgebliebenen angesichts dieser hochinteressanten Nachricht macht die Mühe mehr als wert.

Die krachlederne Blaskapelle schmetterte ein bewährtes »Stimmungs-Potpourri«, das vornehmlich aus Marschliedern bestand, die uns Deutschen schon zwei Weltkriege nebst Übergangszeit verschönten. Ich mußte viele Erinnerungen herunterspülen. Als dann der bayerische Defiliermarsch ertönte, stieg ein Jubelgebrüll zur pseudogotischen Schwemmen-Decke, als ob tausend Indianer ein Blockhaus stürmten. Überall im Saal kletterten ausgewachsene Männer auf die Stühle und dirigierten das aus allen Rohren blasende Orchester.

Nach diesem Anheizen ewiger Werte lief die Verbrüderung der hier vereinten Menschen aller Nationen auf vollen Touren. Man sank sich in die Arme oder auch an die Brüste und schunkelte zu den hinreißenden Klängen des Liedes »In München steht ein Hofbräuhaus – eins, zwei, g'suffa«, daß es nur so krachte und manches Mieder den Ansprüchen nicht mehr gewachsen war. Bei der Schunkelei geriet der rechts und links von stämmigen Isar-Athenern untergehakte kleine Japaner zwischen zwei gegeneinander laufende Schunkelwellen und wurde im Rhythmus abwechselnd auseinandergezogen oder zusammengedrückt, lächelte aber selig weiter.

Nach dieser Tuchfühlungs-Orgie entfernte ich aus

meinem Haupthaar zwei Schweinswürstl mit etwas Kraut, die einer Kellnerin bei Ausbruch der internationalen Ekstase vom Tablett gerutscht waren.
Als mir der Japaner dann in piepsendem Englisch mitteilte, daß unsere beiden Länder, wenn man es nüchtern betrachte, doch den Krieg gewonnen hätten, bin ich gegangen.
Am kupfernen Wasserbecken, in dem die benutzten Maßkrüge symbolisch einmal hin- und hergeschwenkt werden, beobachteten einige Amerikaner diesen bescheidenen Tribut an die Hygiene. Sie verließen die Schwemme fluchtartig. Wahrscheinlich eilten sie ins Hotel, um sich schleunigst einen bakterientötenden Spray in den Rachen zu blasen.
Am Ausgang ließ der bärenstarke Wachmann seine Augen an meiner Figur herunterwandern, um sie auf verdächtige Ausbuchtungen zu kontrollieren. Sein scharf prüfender Blick hat schon manche Damen mit Stolz erfüllt. Der brave Türsteher tut aber nur seine Pflicht: Er soll den Maßkrugschwund des Hauses in erträglichen Grenzen halten. Die als Andenken hochgeschätzten Seidel werden gern geklaut, obgleich man sie draußen überall für einen bescheidenen Betrag erstehen kann.
Den schönsten Maßkrug meines Lebens sah ich in einem Laden gegenüber vom Hofbräuhaus. Das Trinkgefäß war mit einem bunten Schlachtenbild und national-bayerischen Emblemen bemalt, durchzogen von dem Schriftband: » *Kanonendonner ist unser Gruß!* Kanonier Bendele, 9. bair. Feldartillerie Regiment, 2. Fahrerbatterie, Landsberg 1907«.

Der gute Bendele mit dem lautstarken Gruß dürfte inzwischen ausgedonnert haben, aber mit dem Maßkrug setzte er sich ein Denkmal.
Zum Abschluß meines ersten Hofbräuhausbesuches erwarb ich den Verkaufsschlager der Postkartenindustrie: Die zeichnerische Darstellung eines volltrunkenen Fettwanstes mit Gamsbarthut und Maßkrug, der von barocken Engeln an den Frauentürmen vorbei himmelwärts getragen wird. In dem darunterstehenden Vers kommt die urbayerische, mit tiefer Gläubigkeit gepaarte Lebensfreude wunderschön zum Ausdruck:

Hofbräu war sein letztes Wort –
da trugen ihn die Englein fort!

Wohl noch nie wurden in einem kurzen Zweizeiler die Freuden der Erde und des Paradieses so erschöpfend gewürdigt.
Die völkerverbindende und damit himmlische Kraft des in Mief und Radau genossenen Bieres ist unbestritten, wenn auch manche Skeptiker anführen mögen, daß schon oft eine solide Rauferei den Verbrüderungs-Suff krönte. Doch das sind Ausnahmen. Es kommt natürlich hin und wieder vor, daß waschechte Bajuwaren unter sich dem Gesprächspartner als letztes Argument ein Kilo flüssiges Brot samt Maßkrug über den Kopf hauen. In ländlichen, hartschädeligen und strenggläubigen Bezirken des schönen Bayernlandes gilt das aber als kleine Neckerei, nach der man sich lachend die Maßkrugscherben aus dem Haar oder von der Platte wischt.

Müde Männer aller Länder, vereinigt euch!

So lautet der Schlachtruf des »Club der müde Geborenen«, der im oberitalienischen Städtchen Vercelli seinen Jahreskongreß abhielt und einstimmig die Forderung nach mehr Nichtstun erhob. Da ich seit frühester Kindheit ein großer Freund gepflegter Untätigkeit bin, nahm ich am »Müden Kongreß« teil und konnte eine rege Aktivität beobachten.

Bei diesem Club handelt es sich nicht etwa um eine Gründung fauler Witzbolde, sondern um einen Zusammenschluß durchaus ernst zu nehmender Männer. Darunter auffallend viele höhere Beamte, aber das wird wohl kaum jemanden wundern. Gründer und Präsident des Vereins ist der Friseurmeister Anacleto Formaggio.

In der »Sala della Vittoria«, dem »Siegessaal« der Handelskammer von Vercelli, hatten sich rund zweihundert Müdigkeits-Kameraden eingefunden. Sie erfuhren aus dem Munde des präsidierenden Haarkünstlers von einer schweren Niederlage: Von den 35 000 eingetragenen Mitgliedern hatten 34 000 ihren Beitrag nicht bezahlt und die Mitgliedschaft gekündigt. Sie waren wohl des Treibens der Müden müde.

In bewegten Worten forderte Formaggio die Anwesenden auf, nicht müde zu werden in der Werbung

Eins der Fernziele des Vereins der müden Männer besteht darin, die öffentlichen Verkehrsmittel etwas umzugestalten. Wie leicht ließen sich unter dem Dach städtischer Omnibusse schaumgummigepolsterte Liegeplätze installieren! Eine solche Einrichtung würde den Berufstätigen auf dem Wege zur Arbeit ein halbes Stündchen zusätzlichen Schlafes bescheren.

neuer Mitglieder und die Ideen des Vereins wachzuhalten. Er rief zur Hilfsbereitschaft auf, die vor allem darin bestehen soll, seinen Mitmenschen bei der Ausübung des Nichtstuns zu helfen. Wobei das Nichtstun keineswegs mit Faulheit verwechselt wer-

den darf, die Untätigkeit soll nämlich durch Betrachtung des Guten und Schönen ausgefüllt werden.
Unter rauschendem Beifall erhob der Redner seine Stimme zum Protest gegen eine Welt, die es viel zu eilig habe und aus der Arbeit einen Götzen mache, dem alles Wohlbefinden geopfert werde. Mit beredter Figaro-Zunge erläuterte er die Philosophie der Müdigkeit, die nicht nur Müdigkeit im hergebrachten Sinne ist, sondern vor allem die Unlust, etwas zu tun. Der Unlüstling riet den Zuhörern, heute nicht zu tun, was man morgen tun kann, und es möglichst morgen auch nicht zu tun.
Das klang alles sehr überzeugend. Aber wer soll nun die hin und wieder anfallende, unbedingt nötige Arbeit machen? Ein versteckter Hinweis war vielleicht in einem Nebensatz des Redners zu finden, der das segensreiche Wirken der Frau auf allen Gebieten des täglichen Lebens lobend hervorhob.
In seinem Schlußwort gab der Präsident ehrlich zu, daß es nicht einfach sein würde, die Menschheit dahingehend (oder wohl besser dahinliegend) zu verändern.
Dann kündigte er den nächsten Redner an. Der blieb aber auf seinem Platz sitzen und rief in den Saal: »Ich soll aufstehen, um zu reden? Dazu bin ich zu müde. Die Rede könnte ich vielleicht zum nächsten Kongreß halten, in einem Jahr, aber dann gibt es den Verein womöglich gar nicht mehr, und ich kann mir die Mühe sparen!« Zur allgemeinen Freude fiel die Rede des vorbildlichen Vereinsmitgliedes aus, das Bankett konnte beginnen.

Daran nahm als prominentester Ehrengast ein ehemaliger italienischer Ministerpräsident teil, dessen Namen zu nennen mir die Diskretion verbietet. Man munkelt nämlich, daß er in seiner Amtszeit nicht viel tat, und daß er das wenige, was er tat, auch noch hätte lassen können, ohne seinem Lande zu schaden. Ein lebendiges Beispiel für die praktische Nutzanwendung der Vereinsziele.

Am Vorstandstisch der Untätigkeits-Apostel saßen hohe Staatsdiener wie der Senator Ermengildo Bertola, der Präfekt Celestino de Bonis und der Oberbürgermeister Primino Pretti. Ihre Anwesenheit leuchtete mir durchaus ein. Aber was soll man davon halten, daß der örtliche Feuerwehrkommandant, Capitano de Lucia, überzeugtes Vereinsmitglied ist und Mitverfechter der These, alles auf morgen zu verschieben und es dann auch noch nicht zu tun? Da sehe ich gewisse Gefahren, die aber wohl von gutversicherten Hausbesitzern gern in Kauf genommen werden. Ein Totalschaden ist erfahrungsgemäß viel leichter zu regulieren als ein schwer zu errechnender Teilschaden.

Beim Essen und Trinken zeigten die angeblich müde Geborenen übrigens nicht die geringsten Anzeichen von Müdigkeit. Im Gegenteil, sie umwarben äußerst aktiv die weiblichen Gäste, denen die Mitgliedschaft aus durchsichtigen Gründen grundsätzlich versagt bleibt. Die Frage, weshalb nur Männer auf ihre Müdigkeit pochen dürfen, erübrigt sich wohl.

Wir wollen uns nicht lustig machen über eine Bewe-

gung, die möglichst wenig Bewegung auf ihr Panier geschrieben hat. Wenn man bedenkt, daß gut und gerne die Hälfte aller auf unserer Erde abgeleisteten Arbeitszeit kriegerischen Zwecken dient, kann etwas mehr Muße gar nicht schaden. Mir ist jedenfalls die Unaktivitätstheorie des Friseurs Formaggio verständlicher als Albert Einsteins Relativitätstheorie, aber das will nichts heißen. Welche von beiden die Welt weiter bringt, wird sich noch erweisen.
Die Forderungen der »Müde Geborenen« mögen etwas zu radikal sein. Hoffen wir, wie überall, auch hier auf einen Kompromiß.
Oder wollt ihr die totale Muße?
Die kommt noch früh genug.

Ein nach dem Prinzip der Auto-Liegesitze konstruierter Arbeitsstuhl könnte den bisher meist in unbequemer Stellung ausgeübten Büroschlaf weitaus erholsamer gestalten und damit das Aufladen verbrauchter Energien beschleunigen.

Die Ausschlachtung der schönen Hamburgerin

Hier soll berichtet werden vom traurigen Ende einer der schönsten Reiselustweckerinnen, die es je gab. Schon ihr Anblick genügte, um jedes Herz höher schlagen zu lassen und einen der stärksten Triebe des Menschen, den Trieb in die Ferne, in heftige Wallung zu bringen.

Man nannte sie »die schöne Hamburgerin«, und wer nur eine oder gar zwei Wochen auf ihr verbrachte, trug einen Schatz schöner Erinnerungen heim.

Sie galt an allen Küsten als eine der begehrenswertesten Bräute des Meeres und ging dreimal in ihrem bewegten Leben auf Jungfernfahrt: Jeder neue Besitzer taufte sie um und brachte das Lustschiff, über die Toppen geflaggt, als so gut wie jungfräulich wieder in den Verkehr. Zuletzt hieß sie »Hanseatic«. Verdrängung: 30 029 Bruttoregistertonnen.

Niemals wich die in nördlichen wie in südlichen Breiten wohlbekannte Meeresbraut auch nur den kleinsten Strich vom Kurs ab, und ihr für höchste Ansprüche eingerichteter Bauch war Tag und Nacht ein Hort rauschender Urlaubsseligkeit. Bis zu jenem unglückseligen Septembertag, an dem in ihrem Inneren ein Feuer ausbrach. Es verwüstete nur den Maschinenraum. Aber was ist schon eine Königin der Meere ohne Antriebsaggregat?

Ein Wrack.
Als ich in der Zeitung las, daß die Innereien der schönen Hamburgerin auf einer dreitägigen Auktion verscheuert werden sollten, fühlte ich mich als Hinterbliebener und eilte an ihr Sterbelager.

*

Es war ein naßkalter, trüber Wintertag, so richtiges Beerdigungswetter. In knöcheltiefem Matsch stapfte ich durch das Gelände der weit vor den Toren Hamburgs ansässigen Schiffs-Abdeckerei. Hinter Bergen von Schrott ragte die Silhouette der »Hanseatic« in den verhangenen Himmel. Da lag sie nun, die schöne Hamburgerin, nackt und mit schwarz überpinseltem Heck, die Reederei-Embleme von den Schornsteinen gerissen, namenlos.
Mit im steifen Ostwind flatternden Mänteln stießen Gastwirte, Hoteliers und Andenkenjäger wie Geier auf das sterbende Schiff zu, um sich aus den Eingeweiden etwas herauszupicken und preisgünstig davonzutragen. Biedere Hausfrauen krabbelten auf dem Schiffskadaver herum, dem sie repräsentative Polstergarnituren für ein Ei und ein Butterbrot zu entreißen hofften.
Neben der Gangway, über die sich der Menschenwurm in den Bauch der Ozeanriesin schob, stand in ungelenken Kreidebuchstaben: »Rauchen verboten!« Man hatte wohl Angst, die Sterbende noch einmal zu entflammen.
Durch die Einstiegsluke gelangte ich in das spärlich

»Eine Niete als Andenken an die ›Hanseatic‹ habe ich schon! Auf einer Reise mit diesem Schiff lernte ich meinen Mann kennen ...«

erleuchtete, mit Edelhölzern getäfelte Vestibül. Wo einst der Gast vom soignierten Obersteward und seinem Stabe wie ein Staatsoberhaupt empfangen wurde, standen jetzt ein paar mürrische Wachmänner neben wackeligen Tischen, auf und unter denen Werbezettel von Speditionsfirmen herumlagen.

Hinter einem Loch in der Wand saß eine mißmutige Matrone neben ihrem dampfenden Kaffeetopf und verkaufte Versteigerungskataloge. Die Inhaltsangabe der Schiffsleiche war mit einem bunten Umschlag versehen, auf dem die »Hanseatic« mit Volldampf eine Palme ansteuerte.
Auf eben diese Palme konnte jeden Freund der christlichen Seefahrt der schauerliche Anblick bringen, den das Innere des Schiffes bot. In den prunkvollen Gesellschaftsräumen watete ich durch knirschenden Schiffszwieback und am Boden verstreute angebrochene Notrationen. Ich stelzte herum zwischen Blumenkästen mit total verfaulten tropischen Luxuspflanzen, unter herausgerissenen Lichtleitungen und über diverse Sorten von Müll.
Warum hatte man die schöne Hamburgerin für die letzten Besucher nicht etwas zurechtgemacht? Viele ihrer ehemaligen Liebhaber hätten sicher gerne das Salär zur Entlohnung einiger Putzfrauen zusammengelegt.
Rechts und links am Wege zum Auktionssaal lag in großen Haufen, nach Artikeln geordnet und mit Katalognummern versehen, das zu versteigernde Klein-Inventar. In der verwüsteten Bar des Oberdecks blieb ich sinnend vor einem eindrucksvollen Stilleben irdischer und himmlischer Requisiten stehen. Da warteten zwischen einem Stapel Klosettbürsten (Katalognummer 6139) und einem Hügel aus Kleiderbügeln drei kleine Kisten mit den Aufschriften »478, Ev. Kirche«, »479, Kath. Kirche« und »481, Jüd. Kirche« auf einen Käufer. Katalognum-

Beispiel einer besonders geglückten Dachgartengestaltung mit preisgünstig ersteigerten Einzelteilen der »Hanseatic«. Ein Tonband mit Meeresrauschen, Möwengeschrei und Schiffssirenen erhöht die Illusion und vermittelt den Duft der großen, weiten Welt ohne Seekrankheit.

mer 480 fehlte. Das dürfte wohl ein mohammedanischer Gebetsteppich gewesen sein.
Nicht weit von diesem idyllischen Nebeneinander zeitlicher und ewiger Werte lag ein verbeulter Drahtkäfig am Boden. Ich hob ihn auf und war zutiefst erschüttert. Was ich da in der Hand hielt, war das jahrelang so munter rasselnde Rückgrat der abendlichen Schiffsgeselligkeit: Die Bingo-Trommel, in der mit Zahlen bemalte Los-Kugeln durcheinandergewirbelt wurden. Liebevoll stellte ich das deformierte Drahtgeflecht auf eine Konsole und gab ihm so die Chance, als abstraktes Kunstwerk den Zusammenbruch zu überleben.
Durch eingeschlagene Scheiben pfiff der Wind, eine Grabeskälte wehte aus allen Räumen. Nur der vollbesetzte Theatersaal war geheizt, denn dort saß der Auktionator Heinrich Schopmann inmitten seines emsig buchführenden Stabes, um mit goldenem Hammer das Äußerste aus den Eingeweiden der schönen Hamburgerin herauszuschlagen. Hinter ihm hingen Fahnen, und auch sein Tisch war flaggengeschmückt. Der Altmeister im Herauskitzeln höherer Gebote rief die Katalognummer 5031 auf: »Eine Hostessen-Kammer mit zwei Offiziersbetten ...«
Die Offiziersbetten der Hostessen gingen sehr gut weg. Der Herr neben mir, der sie ersteigerte, hatte es im Kriege nur zum Gefreiten gebracht und konnte nun einen daraus entstandenen Minderwertigkeitskomplex schlafend kompensieren.
Nach mehreren Posten dieser wohl ganz speziell ausgestatteten Betten wurde die Teakholz-Liege-

statt des Kapitäns aufgeworfen, wie es in der Versteigerungssprache so schön heißt. Sie war nur mit der gesamten Kapitänskajüte zu haben, inklusive Salon, Blumenbank und der größten Badewanne an Bord. Aber ohne Kapitän, wie Herr Schopmann mit schalkhaftem Lächeln betonte.

Das Lächeln gefror ihm sehr schnell, als für das komplette Apartment ganze fünfhundert Mark geboten wurden.

»Aber meine Herrschaften! Da stehen einem ja die Haare zu Berge! Das ist doch nicht irgendeine Wohnstube, sondern die Kajüte des Hanseatic-Kapitäns! Unter fünftausend geht mir die nicht weg!«

Die binnenländischen Hoteliers und Gastwirte blieben stur wie ein Seemann. Verbittert nahm Schopmann seinen Aufwurf zurück und forderte die Interessenten auf, sich das Objekt noch mal genauer anzusehen. Dann begann er, Stück für Stück vierhundert ordinäre Touristenkabinen auszubieten.

Ich machte mich auf den Weg zur Kapitänskajüte, verlief mich aber hoffnungslos im Labyrinth der unteren Decks. In den verschachtelten Gängen war es finster wie in einem Bergwerk, nur hin und wieder flackerte irgendwo ein schwaches Notlämpchen. Ich stolperte über Kabel und zersplitterte Wandverkleidungen, wollte nach oben, geriet aber nur an abwärts führende Treppen. Aus dem Dunkel trat plötzlich ein Mann mit Taschenlampe auf mich zu und fragte: »Wo ist die Taverne?« Ich wußte es nicht. Die Finsternis verschluckte den fluchenden Sucher.

Nach langem Umherirren landete ich in einer riesigen Küche. Das Personal mußte sie panikartig verlassen haben, um nie mehr zurückzukehren. In den Pfannen stand erkaltetes Fett, auf den Herdplatten waren Dörrobstringe verstreut. Mehl, Mandeln und faulendes Gemüse bedeckten den gekachelten Boden. Von der Schnelligkeit der Flucht zeugte eine vor dem Herd zurückgelassene Gesundheits-Sandale.
Im verglasten Kommandostand des Chefkochs quollen Papiere aus aufgerissenen Schubladen. Unmengen von sauber ausgefüllten Formularen lagen im Staub des Fußbodens. Ich hob einen »Proviantforderzettel« auf und las staunend, daß am 20.4.1966 die Küche ein Kilogramm gekochten Schinken empfing, und davon wurden laut handschriftlichem Vermerk des Chefkochs sechs Kilogramm ausgegeben. Ein geradezu biblisches Wunder, das mich an die Speisung der Zehntausend erinnerte. Den Namen des Oberkochs (die Unterschrift konnte Butzer, Beitzer, Buletz oder sogar Bülow heißen) wird man sich merken müssen.
Ich tappte weiter durch das verwahrloste Innere der schönen Hamburgerin. Nach Überwindung einiger hindernisreicher Gänge und nach zweimaligem Zusammentreffen mit dem Gastwirt, der die Taverne suchte, gelangte ich an eine mit Stricken und Latten verrammelte Glastür. Dahinter stand eine ermattete Auktionsbesucherin und sah mich durch die Scheibe so entsetzt an, als sähe sie den Klabautermann. Ich machte kehrt und stand nach vielen Umwegen, bei denen ich nochmals den Tavernensucher traf und

wieder verlor, auf der anderen Seite der verrammelten Tür, also dort, wo die Dame den Klabautermann-Schrecken erlebte. Am Querbalken hing ein riesiges, rotumrandetes Schild: »Weitergehen verboten! Lebensgefahr!« Aufatmend und der Mitverschrottung knapp entronnen, fand ich dann doch den Weg zum Oberdeck.

An den Schornsteinen waren drei Schiffsausschlachter mit zischenden Schneidbrennern tätig. Umstehende munkelten, daß die hochaufragenden Symbole der Schiffskraft als Wochenendhäuser Verwendung finden sollten, mit eingeschnittenen Fenstern und Türen. Ich fände es viel sinniger, die Dinger als Bankfilialen einzurichten. Da würde die alte Redensart »Etwas in den Schornstein schreiben« endlich mal zur augenfälligen Wirklichkeit.

Nach einer Kletterpartie über aufgetürmten Schrott erreichte ich den Gang, an dem die Offizierskabinen lagen. Rotes Licht leuchtete mir entgegen: Die Lampen mit der Aufschrift »Feueralarm!« brannten drei Monate nach dem traurigen Ereignis immer noch, ein Beispiel treuester Pflichterfüllung über den Tod hinaus.

In den Kabinen sah es aus, als hätte hier ein Piratenüberfall stattgefunden, mit schweren Nahkämpfen von Mann zu Mann. Im verwüsteten Bett des zweiten Offiziers lag ein Beil, alle Schubfächer waren herausgerissen, und auf dem Fußboden herrschte ein wildes Durcheinander von Schiffspapieren, zwischen denen eine Socke und ein zerrissenes Oberhemd ihrem geflüchteten Tressenträger nachtrauerten. Dasselbe Bild mit kleinen Varianten in allen anderen Gemächern.

Was war hier passiert?

Nichts weiter, als daß man den Hamburgern das stolze und bis auf den Maschinenraum völlig intakte Schiff zu einer dreitägigen Vorbesichtigung des Auktionsgutes freigegeben hatte. Und diese Gelegenheit war von den Elbestadtbewohnern, die sich doch soviel auf ihre Liebe zum Schiff und zur Seefahrt zugute halten, gründlich genutzt worden.

Tadellos in Schuß war nur noch die Kapitänskajüte, denn sie wurde ausschließlich für echte Kaufinteressenten aufgeschlossen. Ehrfürchtig stand ich in dem Raum, in den eingeladen zu werden das höchste Ziel eines jeden Passagiers war. Nun empfing hier eine etwas vertrocknete Angestellte der Auktionsfirma einige biedere Landratten, die möglichst billig eine repräsentative, den Duft der großen, weiten Welt ausatmende Möbelgarnitur an Land ziehen wollten.

Auf dem Rückweg durch den Kabinengang kam ich zu der Überzeugung, daß die leitenden Seemänner der »Hanseatic« hauptsächlich mit Schreibarbeiten beschäftigt waren. So viel handschriftlich ausgefüllte Formulare und Dienstberichte, wie sie hier herumlagen, habe ich nicht einmal auf einer Kompanie-Schreibstube gesehen. Ich fischte wahllos ein Stück Papier heraus und hielt ein Dokument in Händen, das man doch wohl besser rechtzeitig vernichtet hätte. Da stand mit Datum vom 31. August 1966, daß folgende Dienstgrade des »Ressort Maschine«

»Diesen Parkplatz kaufte ich auf der Hanseatic-Versteigerung!«

am Feuermanöver nicht teilnehmen: Der Stabs-Ingenieur, der 1. Ingenieur, der 2. Ingenieur, der 3. Ingenieur, der 4. Ingenieur, also die ganze Turbinen-Hierarchie.

Genau eine Woche später, am 7. September 1966, brannte der Maschinenraum aus.

»Das gibt zu denken!« dachte ich mir und ließ das historische Schriftstück in meiner Jackentasche verschwinden. (Die Versicherungsgesellschaft kann es gerne bei mir einsehen, es wird ihr aber kaum noch etwas nützen.)

Im ein Stockwerk tiefer liegenden »Atlantik-Club«, wo in besseren Zeiten die Crème der Passagierliste bei Champagner, Whisky und zärtlicher Barmusik das schwimmende Nachtleben genoß, ließ ich mich ermüdet in einen Sessel fallen. Aus einer der herumliegenden Büchsen mit der Aufschrift »Not-Trinkwasser« stillte ich meinen Durst und knabberte dazu hundekuchenartigen Schiffszwieback, der in angebrochenen Stanniolpackungen überall verstreut war. Etwas anderes gab es nicht auf dem einst so trinkfreudigen, für seine Gaumenkitzel bekannten Schiff.

Als Dessert blätterte ich im Auktionskatalog, der so manche Delikatesse bot, zum Beispiel achthundertfünfzigtausend Speisekarten (bedruckt). Der Gastronom, der sie ersteigert, dürfte für die nächsten Jahre in der Zusammenstellung seiner Menüs ziemlich gebunden sein.

Unter der Nummer 6028 war ein großer Posten Puddingformen aufgeführt. Das wäre wohl ein Gelegen-

heitskauf für die Kostümierung der Walküren einer Wagner-Aufführung.
Das Angebot reichte von so praktischen Dingen wie »7 Zigarettenbauchläden, 13 Verdunkelungsrollos und 11 Haltern für Bierdeckchen« bis zu dem mysteriösen, unter der Nummer 7082 aufgeführten Posten »10 Ständer, Karneval-Hostess-Artikel«. Nicht zu vergessen die 7 Särge (eine Glückszahl!), die das für alle Eventualitäten bestens ausgestattete Vergnügungsschiff ständig mit sich führte.
Leider fand sich nichts im Katalog, was ich hätte ersteigern mögen. Beim Bummel über das Promenadendeck fiel mir dann aber ein Schild ins Auge, das fest verknotet an der Reling hing und in liebevoll gemalten Buchstaben den Text trug: »Bitte keine Deckspiele von 14–16 Uhr!« Ich habe dieses stilistische Meisterwerk entwendet, um es einem häufig über Müdigkeit klagenden Freund zu schenken.
Mit dem Raub unter dem Mantel strebte ich der Gangway zu. In den Korridoren der ersten Klasse fragte mich ein bedrückter Auktionsgast: »Wo sind hier die Toiletten?« Da konnte ich nur antworten: »Dem Geruch nach überall!« Denn die »Hanseatic« stank, geschändet von vielen tausend Hanseaten, die ihr die letzte Unehre erwiesen.
Im Vestibül vor dem Ausgang ließ ein Wachmann mit typischem Zollbeamtenblick sein geschultes Auge an mir herunterwandern. Vor wenigen Stunden war nämlich der Kreiselkompaß von der Kommandobrücke geklaut worden. Meine Schlankheit enthob mich jeden Verdachtes. Man vermutet inzwi-

schen, daß eine Besucherin sich als werdende Mutter tarnte und den sehr wertvollen maritimen Wegweiser unter dem Mantel abservierte.
Als ich die abgetakelte und verwüstete schöne Hamburgerin verließ, sah sie mich aus gebrochenen Bullaugen ein letztes Mal an. Dann stöhnte sie auf, denn eine Kompanie Schneidbrenner fuhr ihr in die üppigen Lenden, die so manche Lust- und Kreuzfahrt hinter sich hatten.
Wenn Sie, lieber Leser oder noch liebere Leserin, diesen schmerzlichen Bericht lesen, ist die »Hanseatic« längst auf dem so bewährten Umweg über deutschen Schrott als reiner, deutscher Edelstahl wieder auferstanden. Vielleicht in dem Schiff, mit dem Sie Ihre nächste Urlaubsreise machen. Schlimmstenfalls aber auch in Stahlhelmen. Oder gar in dem Korkenzieher, mit dem Sie am Ende dieses Buches eine Flasche öffnen, um sich zu erholen. Leeren Sie ein wohlgefülltes Glas in stillem Gedenken an die einst so vielgeliebte, im Alter so grausam geschändete und ausgeweidete Königin der Meere.